为孩子立界线

Boundaries with Kids

有边界感的父母
负责任的孩子

［美］亨利·克劳德
（Henry Cloud）
［美］约翰·汤森德
（John Townsend）
—— 著 ——
林思语 —— 译

中信出版集团 | 北京

图书在版编目（CIP）数据

为孩子立界线 /（美）亨利·克劳德,（美）约翰·汤森德著；林思语译. -- 北京：中信出版社, 2025.
9. -- ISBN 978-7-5217-7569-3

Ⅰ. G781-49

中国国家版本馆 CIP 数据核字第 2025XF1953 号

Boundaries with Kids by Henry Cloud and John Townsend
Copyright ©1998 by Henry Cloud and John Townsend
Published by arrangement with HarperCollins Christian Publishing,Inc.through the Artemis Agency
Simplified Chinese translation copyright © 2025 by CITIC Press Corporation
ALL RIGHTS RESERVED
本书仅限中国大陆地区发行销售

为孩子立界线

著者：　　［美］亨利·克劳德　［美］约翰·汤森德
译者：　　林思语
出版发行：中信出版集团股份有限公司
　　　　　（北京市朝阳区东三环北路 27 号嘉铭中心　邮编　100020）
承印者：　三河市中晟雅豪印务有限公司

开本：880mm×1230mm 1/32　　印张：8.5　　字数：176千字
版次：2025 年 9 月第 1 版　　印次：2025 年 9 月第 1 次印刷
京权图字：01-2025-1744　　书号：ISBN 978-7-5217-7569-3
　　　　　　　　　　　　　　定价：59.00 元

版权所有·侵权必究
如有印刷、装订问题，本公司负责调换。
服务热线：400-600-8099
投稿邮箱：author@citicpub.com

目录

序言　为什么要帮孩子设立边界　　　　　　　　　　　　　Ⅲ

第一部分
为什么孩子需要边界感

第 1 章　为孩子的未来做准备　　　　　　　　　　　003

第 2 章　孩子的性格决定他的一生　　　　　　　　　015

第 3 章　有边界感的家庭，能养育健康的孩子　　　033

第二部分
孩子需要知道的边界定律

第 4 章　我这么做会有什么后果？　　　　　　　　　055

　　　　　播种与收获定律

第 5 章　自力更生　　　　　　　　　　　　　　　　075

　　　　　责任定律

第 6 章　我无法完全做到，但我也并非无助　　　　093

　　　　　力量定律

第 7 章　我不是唯一重要的人　　113
　　　　尊重定律

第 8 章　先好好爱孩子，然后建立边界　　135
　　　　动机定律

第 9 章　痛苦亦是礼物　　151
　　　　评估定律

第 10 章　不必一直发脾气　　167
　　　　主动定律

第 11 章　当我感恩时，我会更快乐　　187
　　　　嫉妒定律

第 12 章　主动迈出第一步　　207
　　　　积极定律

第 13 章　诚实为上策　　225
　　　　曝光定律

第三部分
为孩子设立边界

第 14 章　付诸实践　　241
　　　　为孩子设立边界的六个步骤

序言
为什么要帮孩子设立边界

"你和亨利在写的这本新书讲的是什么呀?"我(汤森德博士)①7岁的儿子里基问。

"是关于孩子和界线的。"我回答。里基想了一会儿,若有所思地说:"我喜欢说出自己的边界,但我不喜欢听到别人对我设立边界。"

你道出了人类的本性,里基。我们都喜欢对别人设立边界,但我们并不想听到他人对我们设立边界。我们深切理解身为读者的你选择这本书的理由,因为里基的话描述了几乎所有孩子(和许多成年人)的立场:让我满意的就是好事,令我沮丧的就是坏事。人们从诞生之日起,便抗拒对自己的人生承担起责任。作为父母,你的任务就是帮助孩子在内心培养起那些你教给他的东西——责任心、自制力和自由。设立和维持边界并非易事,但若

---

① 本书有两位作者。在描述案例时,会在"我"后以括注形式说明对应主体。——编者注

方法得当，就会十分有效。

为什么要给孩子设立边界？

我们曾经合著了《过犹不及》①一书，书中阐述了这样一个概念：设立边界能帮助我们更好地掌控生活，更好地爱他人。自出版以来，它一直深受读者喜爱，这说明有相当多的人深陷在不负责任、情感操纵或控制型人际关系、情绪问题、工作冲突等困境中，他们都有设立边界的需求。

自《过犹不及》问世以来，许多家长在咨询室里，或者通过讲座和广播节目咨询过我们如何将界线理论用在子女教育上。家长希望自己的孩子不仅有爱心，也有责任心。他们不仅需要修复受损的边界，还要帮助孩子建立边界。本书就是写给这些家长的，它将《过犹不及》中的原则应用在育儿的具体情境中。

谁应该读这本书？

本书是写给所有父母的，无论你们的孩子年龄有多大，是婴儿还是青少年，本书都适用。即使你没有孩子，本书也有助于你去帮助你爱的孩子，以及受你影响的孩子。无论你是教师、（外）祖父母、教练、社区成员、日托工作人员或保姆、致力于

---

① 《过犹不及》最新版由中信出版社在 2025 年出版。

儿童保护工作的人员，还是正在努力解决边界问题的青少年，你都会从本书中获益。

即使你可能不是家长，你也可以成为身边的孩子生命中责任和正义的榜样。本书的目的便是帮助你实践书中所描述的定律，无论你是孩子的主要照顾者，还是在孩子的生活中扮演次要角色。

为什么应该读这本书？

并不是只有在深陷危机时，你才能从本书中获益。本书中的定律适用于所有情境，让你的孩子在家庭、学校以及人际交往中都能表现出适龄的成熟度。因此，你可以应用本书的内容，确保你的孩子平稳地进入下一个年龄段，直到成年。

这本书还可以帮助你解决养育过程中的问题和危机。所有父母都会面临困境，其中一些是有关责任感和自制力的问题。本书展示了该如何处理以下这些类型的问题：

- 易冲动；
- 忽视父母的指令；
- 违抗权威；
- 爱发牢骚；
- 拖延；
- 无法完成任务；

- 存在攻击行为；
- 学业或校园生活问题；
- 与朋友有矛盾；
- 两性关系；
- 毒品；
- 参与不良帮派。

虽然本书能够帮助你处理以上问题，以及许多其他未列举出的问题，但它并不是以"问题"为中心，而是以"定律"为中心。也就是说，本书是围绕一些关键概念来组织撰写的，这些概念可以帮助孩子对自己的生活负起责任。在《过犹不及》一书中论述的"边界十大定律"旨在帮助读者掌控生活。在本书中，每一项定律都会用一章的篇幅来进行阐释，并被应用在育儿中。

这本书并不是按照孩子的年龄段（如婴儿期、幼儿期、儿童期和青少年期）来编排的，因为我们认为，帮助孩子设立边界的原则是普适的，适用于所有年龄段的孩子。你需要以适合孩子的年龄特点和成长水平的方式来应用这些定律。因此，在每一章中，我们都提供了许多范例来展示这些定律是如何应用于不同年龄段的孩子身上的，以便你结合自己当前的情况来理解它们。

本书更多聚焦于你应该如何对待孩子，而非如何教育孩子。对边界的学习与孩子的亲身实践密切相关，比如为自己的行为承担后果，学会承担责任，以及如何对待他人设置的边界。在成长过程中，没有哪种管教是令人愉悦的，甚至还会带来一定痛苦，但之后，经历过管教的人将获得正直的人品与平和的人生态度。

当你学着要求孩子承担责任时，你的孩子就会体会到负责任的价值。这个过程从你开始！

本书概览

本书分为三个部分。第一部分概述了帮助孩子学会承担责任的重要性。该部分描述了一个有边界感的成熟的孩子是什么样的，同时描述了有边界感的家长的行事方式及其和孩子的关系。第二部分分别阐述了十项定律。在这个部分你会了解到，不仅仅要教孩子建立边界，更重要的是，边界能帮助孩子认识到，他生活的主要责任人是他自己，而不是你。第三部分则总结了帮助孩子设立边界的六个具体且实用的步骤。

当你面对一个不惜一切代价想要逃避责任的年轻人时，你会感到不知所措，请别担心，在你帮助他成长的过程中，可以不断寻求他人的帮助，借助他人的智慧和资源。

欢迎开启阅读本书的旅程！我们希望你能从中获取有效的信息和实际的帮助，并找到希望，从而教会你的孩子何时接受、何时拒绝，真正掌控自己的人生。

**Boundaries
with Kids**

―――― 第一部分 ――――

为什么
孩子需要边界感

第 1 章

为孩子的未来做准备

这是个普普通通的日子,但这一天却永远改变了我的朋友阿莉森的养育方式。

这天,我(克劳德博士)到阿莉森家拜访。晚饭后,阿莉森离席去忙家务活,我和她的丈夫布鲁斯在餐桌旁继续聊天。这时,一通电话打来,布鲁斯接电话去了,于是我起身去看看能帮阿莉森做点什么。

我听到阿莉森在他们14岁的儿子卡梅伦的房间里,于是走了进去,却被眼前的景象惊呆了。阿莉森正很有干劲地收拾着衣物和运动器材,整理床铺。见到我,她打开话匣子,仿佛一切都很正常:"我迫不及待地想让你看我们旅行的照片了,那真是——"

"你在做什么?"我打断她。

"我在收拾卡梅伦的房间。"她说,"你觉得我在干什么?"

"你在干什么?"

"我说过了。我在收拾他的房间。你为什么这样看着我?"

我所能做的就是和她分享我脑海中浮现的景象:"我只是为卡梅伦未来的妻子感到难过。"

阿莉森直起身,愣了一会儿,然后匆匆离开了房间。我走进门厅,看见她一动不动地站在那里。我不知道该说什么,就什么也没说。过了一会儿,她望着我说:"我从来没有那样想过。"

其实,我们大多数人都没有这样想过。当下我们虽然为人父母,却没有考虑过未来。我们往往只是着手解决眼前的问题:又熬过一个下午,而不是想把孩子送进阿拉斯加的8年制训练营,仿佛就已经很值得骄傲了。但养育的目标之一是关注未来。记住,我们要把孩子培养成负责任的成年人。

父母会以一种对他们而言自然而然的方式和孩子互动。例如,阿莉森天生是个"助人者",她很乐意帮助儿子。其他人的养育方式则不同。有些父母对育儿的态度更散漫,参与度更低,他们就不会整理孩子的房间。而那些更严厉的父母则会对没有按要求铺床的孩子施以重罚。

当然,育儿需要采取很多不同的措施。有时我们要施以援手,有时我们无须介入,有时我们必须严厉对待。但真正的问题是:你所做的事是有意为之吗?或者你这么做是出于某些你没有想到的原因,比如你的个性、童年、当下的需求或恐惧?

记住,为人父母要考虑的不仅仅是当下。你在为孩子的未来做准备。性格决定命运。

一个人的性格在很大程度上决定了他在生活中的表现。他在亲密关系与工作中的表现如何，取决于他的内在能力。在一个可以用各种理由为行为进行辩解的世界里，我们很难弄清楚自己生活不顺的真正原因。我们的大部分问题源自自身性格的弱点。当拥有内在力量，我们往往就能成功，不管处境有多艰难。但是，如果没有内在力量，我们要么会陷入困境，要么会一败涂地。如果经营一段关系需要理解和宽容，但我们不具备这种性格特质，这段关系就无法继续下去；如果面临需要保持耐心和延迟满足的工作困境，但我们没有这些特质，我们就会失败。可以说，性格几乎能决定一切。

"性格"一词的含义见仁见智。有些人用这个词来表示人的道德水平或正直诚信，我们则用这个词来描述一个人完整的个性，即他是个什么样的人。性格是指一个人能力的优劣势、道德构成、在人际关系中的表现，以及完成任务时的表现。在特定情境下他会做什么，如何做？当执行任务时，他如何达到要求？他会爱吗？他能负责任吗？他能和他人共情吗？他能发展自己的天赋吗？他能解决问题吗？他能应对失败吗？以上都是定义性格的一些要素。

如果一个人的性格特点决定了他的未来，那么育儿的主要目的就是帮助孩子培养良好的性格，让他安全稳妥、富有成效、开心喜乐地度过一生。父母——还有那些做着与孩子有关的工作的人——需要谨记这一点。育儿的主要目标是帮助孩子培养良好的性格特质，让他的未来更加顺利。

直到阿莉森意识到这一事实，她的教养方式才发生了改变。

她喜欢帮助卡梅伦。但在很多时候，她并不是真的在"帮助"卡梅伦。卡梅伦已经养成了一种模式，认为自己有权得到任何人的帮助，这种权利感会影响他在学校和集体里的人际关系。阿莉森一直以来都很乐于帮助卡梅伦解决他制造的麻烦。她认为每一个待解决的麻烦，都是一次显示她爱孩子的机会。

然而，阿莉森并不只是一位母亲，也是一名成年女性和一名妻子。当她放眼未来，想象到有一天卡梅伦会把责任推卸给其他人时，她开始担忧起来。她身为母亲不介意做的这些事，可能会遭到其他人的强烈反对。她看清了性格决定命运的现实。于是，她改变了与孩子的相处方式，帮助他培养责任感，帮助他思考自己的行为会如何影响他人，以及他人是否愿意与未来的他相处。

正是在这层意义上，我们呼吁"未来即现在"。为人父母的你，正在帮助孩子创建未来。孩子在生命早期建立的模式（即他的性格）将在以后的生活中延续下去。性格总是在与人相处中逐渐形成的。你在孩子性格养成中的关键作用怎么强调也不为过。

预防医学

1992年，我们合写了关于掌控人生的一本书——《过犹不及》。在书中，我们谈论了如何修复由于缺乏边界感而导致的性格缺陷。从那时开始，通过研讨会、广播和电视，我们和超过百万人谈论过如何在他们的生活中设立边界。成千上万人告诉过我们，设立边界让他们更好地去爱和生活，这对他们中的一些人来说是有生以来第一次。看到人们的成长和改变，是最令人兴奋的事。

但从我们自身和读者的经验来看，有个事实是显而易见的。有边界问题的成人并不是成年之后才出现这些问题的。他们幼时习得的一些让生活失控的模式，在延续到成年后，会让他们付出更大的代价。他们在幼时遇到了如下有关边界的问题：

- 没有能力拒绝给自己带来伤害的人，无法对他人的伤害行为设置藩篱；
- 没有能力抑制自身的破坏性冲动；
- 无法接受他人的拒绝以及尊重他人设置的边界；
- 无法拥有延迟满足感，无法完成目标和任务；
- 容易被不负责任或易造成伤害的人所吸引，并试图"治愈"他们；
- 让自己背负他人的人生；
- 容易被操纵或被控制；
- 在维持亲密关系以及与他人保持亲近方面有困难；
- 无法坦诚对待那些亲近的人；
- 无法直面与他人的争执以及有效地解决冲突；
- 在生活中宛如一个受害者，对生活缺乏目的感和掌控感；
- 成瘾和冲动；
- 无组织性，不能持之以恒。

因此，我们可以防患于未然。我们乐于帮助那些多年来深受边界问题困扰的成年人，也希望能帮助孩子避免像很多人一样不得不在成年之后花时间修复边界问题。基于这种认识，我们开始撰写这本关于孩子边界感的书。大多数人都有慈爱的父母。但很多时候，父母不知道如何帮他们的孩子建立边界感，因此他们将自身的局限性传递给了孩子。如果这些父母知道该如何培养一个拥有良好边界感的孩子，那么大部分痛苦都是可以避免的。我们希望这本书能帮助家长培养孩子的品性，从而避免孩子遭遇许多成人都难以应对的问题。此外，这本书也是在家长的要求下应运而生。他们深知自己所遭受的痛苦，因此不希望他们的孩子走同样的弯路。在孩童时失去被优待的特权，总比在成年后失去婚姻或事业要好得多。

另外，家长也意识到边界是建立任何关系的关键，他们想知道如何与他们的孩子一起实践边界定律。家长的问题可以归为三类：

- 我该如何培养孩子的边界感？
- 我该如何以合适的方式让孩子接受我设立的边界？
- 我该如何确保我的孩子不会出现和我一样的边界问题？

我们希望帮助你回答这些问题，帮助你的孩子培养良好的性格，过上充实的生活。

孩子并非生来就有边界

边界是定义个体的"产权界线",它决定了一个人的"终止点"和另一个人的"起始点"。我们如果知道一个人的边界在哪儿,就能预料到这个人能掌控自己到什么程度。我们需要承担起与情感、行为和态度有关的责任。我们都见过互相指责的夫妻,争论着"这该怪谁",双方都在逃避自身的责任。在一段关系中,我们可以明确我们对对方的期待,然后要求彼此承担起自身的责任。如果我们都能承担起各自的责任,这便是一段有效的关系,我们就都能把期待变为现实。

孩子也不例外。孩子需要知道他的边界在哪儿,他需要对什么负起责任,以及他无须负责什么。如果他明白这个世界需要他对自己的人格和生活负责,他便能学着达到这些要求,从而一帆风顺地生活。

但是,如果在成长过程中,他身处一段对自身边界(他对什么负责)和他人边界(他人对什么负责)感到困惑的关系中,就无法培养出帮他成功掌控生活的能力。他会在混乱的边界感中长大,这将导致他无法控制自己,却试图控制他人。事实上,孩子就是无法控制自己却试图控制身边每一个人的小人儿。他才不想控制自己来适应爸爸和妈妈提出的要求,他希望爸爸和妈妈改变要求!

为什么养育孩子如此困难?是因为孩子并非生来就有边界感。他通过外部的人际关系和规则来内化自己的边界感。为了让孩子了解他是谁以及他该对什么负责,父母需要对孩子设置明确的边界,并且建立能帮助孩子建立自身边界感的亲子关系。

如果边界清晰,孩子将拥有以下品质:

- 对自我有明确的认识;
- 明白需要对什么负责;
- 拥有选择的能力;
- 明白好的选择将导向好的结果,而糟糕的选择将会令自己受苦;
- 有能力获得基于自由的真爱。

边界的精髓是自制力、责任心、自由和爱,这些是精神生活的基石,也是养育孩子所能得到的最好结果。但问题是,如何帮孩子培养这些品质?

父母的三重角色

我们可以从很多角度来看待育儿问题。有些人将父母视作教练,有些人视作警官,还有些人视作朋友。在某种程度上,这些角色都有一定道理。在我们看来,父母或照料者需要扮演以下三种角色:

- 监护者;
- 管理者;

- 资源提供者。

监护者

监护者对孩子负有法律责任,需要保护孩子。为什么父母需要为孩子提供保护?

孩子在成长到一定年龄之前,应该处于监护和管理之下。孩子尚未拥有保护自己的能力和智慧。他无法分辨是非,无法分辨危险与安全,无法分辨好与更好,无法理解生与死。他无法考虑自身行动的后果,只想得到即时满足。因此,孩子在探索和发现他的边界时,常常将自己置于危险之中。智慧仅来自经验——这正是孩子所缺少的。

监护者可以为孩子提供一个安全的环境,让他学习与获取智慧。如果给孩子的自由太少,他无法获取足够的经验,就永远长不大;如果给孩子太多自由,那他就会面临伤害到自己的风险。因此,在育儿过程中,平衡自由与限制之间的关系是一项主要任务。父母必须守护孩子,让他远离危险和伤害。

这种保护性的监护者角色需要设置合适的边界来保证孩子远离以下几种危险源:

1. 来自自身的危险;
2. 来自外部世界的危险;
3. 他还未准备好应对的与年龄不适配的自由;
4. 不合适或邪恶的行动、行为或态度;
5. 一些退行倾向,例如过度依赖和回避成长。

充当监护者角色的父母，需要确保孩子的安全，让他健康茁壮地成长。通常情况下，父母通过设置边界来履行这一责任。他们限制孩子的自由度，并严格执行。通过这一过程，孩子会将这些限制内化为智慧，慢慢开始学着照顾自己。

管理者

管理者需要确保事情得以完成——达成目标，满足需求和期待。孩子并非生来自律，因此需要"他律"。管理者确保孩子完成手头的任务，完成对他的成长来说尤为重要的期待，从而实现这种他律。

管理者通过控制资源、教育引导、管理后果、纠正错误、惩罚过失、维持秩序和培养技能来管教孩子。他们负责监督孩子为达成目标而做的日常努力。

当阿莉森决定保护卡梅伦，令他免受因逃避责任可能带来的不良后果时，她必须管理这一过程。你可能也猜到了，卡梅伦并没有立即同意这个新计划！阿莉森需要设定目标、控制资源、管理后果，直到她的儿子养成自律的习惯，他最终需要与除妈妈之外的人好好相处。简而言之，阿莉森需要管理他的不成熟之处。例如，为他设定时间表，让他学习整理自己的物品，以及做些家务。卡梅伦还需要简明地告诉他，如果他不这么做会有什么后果，并且坚定履行她预先告知的后果。当卡梅伦失去许多特权后，他就会明白懒惰的代价。

边界在管理中扮演着重要的角色。设立边界并要求孩子主动承担责任（将解决问题视为己任）以及承担起责任（处理好自己负责的事情），需要家长对边界有清晰的理解。我们稍后会详细讨论这一点。

资源提供者

初到这个世界时，孩子不占有任何资源。他不知道如何获得食物，不知道如何找到住所，也不知道如何获取购买基本生活用品所需的钱。他有非物质的需求，却不知道如何去满足。他需要爱、精神成长、智慧、支持和知识，所有这些都是他无法企及的。

对孩子来说，父母是一切美好事物的来源，是通往维持生命的外部资源的桥梁。在孩子获取资源的过程中，边界扮演着非常重要的角色。孩子需要学会负责任地接受和使用被给予的东西，并逐渐学会满足自身需求。起初，父母是一切的来源；在往后的日子里，他们逐渐赋予孩子独立性，让他能够独立获取需要的东西。

身为孩子的资源提供者既是一大幸事，又困难重重。如果父母不设限地给予，孩子就会觉得这是理所应当的，变得自私自利，提出苛刻的要求。忘恩负义会成为孩子的性格模式。然而，如果父母对资源的管控过于严格，孩子就会妥协，对达成目标（这些目标能带来令人满意的回报）不抱希望。在下文中，我们将看到边界感是如何帮助孩子进行资源整合的，以及它如何在育儿过程中发挥重要作用。

学会承担责任

当卡梅伦第一次承担打扫的责任时,他在以下几方面有所欠缺:

- 他不认为有打扫的必要,但妈妈认为有必要。
- 他没有打扫的动力,但妈妈有动力。
- 他没有打扫的计划,或者说不打算花时间打扫,但妈妈有这种打算。
- 他没有打扫的技能,但妈妈有。

那么,他要如何学习承担自己的责任呢?卡梅伦会慢慢内化好的品质。妈妈拥有这些内在品质,卡梅伦没有,但边界将逆转这一情况。最终,妈妈将不再认为有打扫的必要或动力,也不会再花时间亲自打扫;而卡梅伦会。边界将促进孩子将外在事物进行内化。归根结底,为孩子建立边界能够将曾经的外部因素转化为他的内在品质。

接下来,我们将讨论如何帮孩子内化出好的品质。当你与孩子划清边界时,他就更有可能获得动力、产生需求、习得技能、制订计划,过上一种充满爱、负责任、正直且成功的生活,无论是为了自己还是他人。这就是好的性格的意义所在。

在下一章中,我们将进一步探讨,我们希望在孩子身上培养什么样的性格。

第 2 章
孩子的性格决定他的一生

当阿莉森想象卡梅伦今后的婚姻生活时,她发现对自己负责是她要在孩子身上培养的一项重要品质。此时,她把注意力从解决眼前的问题转移到了考虑孩子长期的性格发展。她正在教导卡梅伦成为什么样的人。

当然,我们希望我们的孩子有责任心。但是,我们往往对自己想要在孩子身上塑造怎样的性格缺乏清晰的认知。在和孩子相处的时候,我们有时想熬过这一天就好,有时甚至是熬过接下来一个小时就行!但是,我们如果能够展望一下,自己正在培养的孩子未来会成为什么样的人,就能更好地应对当前的育儿难题。我们必须认识到,当你让约翰尼做家庭作业时,这不仅关乎完成作业,而且关乎他未来婚姻或事业的成败。这就是为什么我们想让你和我们一起短暂地走进"20年后的约翰尼"的生活,一探究竟。在这一章中,我们将介绍一些我们认为对成年人的角色很重要的品质。对于这些品质的养成,边界起着至关重要的作用。

有爱心

大多数父母会说，他们希望自己的孩子富有爱心。

有爱心的人明白，世界并不围着他转。他在行动之前会考虑自己的行为对周围人的影响。从心理学的角度来看，他不是"以自我为中心"的人——这种人认为自己是最重要的，周围人的存在只是为了满足他的需求。

但有时候，最有爱心的父母却培养出了最自私的孩子。怎么会这样呢？我们都听过类似的话："你知道苏珊是什么样的人。她只考虑自己。"多数情况下，苏珊来自一个很好的家庭。但苏珊的父母并没有给她设立边界，要求她尊重他人的感受。缺乏边界感让苏珊变得以自我为中心，这影响了她爱的能力。童年时期缺乏边界感也会导致冲动、成瘾或不负责任的问题，这些都是缺乏爱的能力的表现。

乔治沮丧地坐在我（克劳德博士）的办公室里。他深爱的妻子珍妮特刚刚搬了出去，因为他又弄丢了一份工作。乔治非常有才华，他似乎拥有成功人士必备的一切条件。但由于不负责任和无法持之以恒，他失去过几份好工作。老板们欣赏他的才华，但讨厌他的工作表现。他的失败导致他的家庭几度濒临破裂，珍妮特受够了。

"我太爱她了，"乔治对我说，"她看不出来吗？"

"我相信你爱她，"我说，"但事实上，我认为她没法看到你的爱。她所看到的只是你的行为对她和孩子们造成的影响。她问自己:'他怎么能以这种方式爱我们和对待我们?'你的爱不能只浮于表面,而不付诸实际行动。爱如果不结出果实,最终也无法被称为爱。正是因为你带给她的那些经历,她才感到自己并不被爱。"

乔治如果有机会让珍妮特回心转意,就不能再靠一句空洞的承诺了。他需要通过设立边界来实现自我控制,成为一个负责任的人。珍妮特只会相信乔治的实际行动,而非空头支票。

在成长过程中,乔治从未被要求实现对爱的承诺。他的父母都是很好的人,勤劳能干。但在经历过经济萧条期和一生的辛劳之后,他们不愿让乔治重蹈覆辙,经历他们所承受过的艰辛。于是,他们对乔治宠爱有加,几乎不要求他做任何事情。当他们给他分配了家务和责任,而他没有完成时,他们也不会惩罚他。因为他们认为应该让他拥有"积极的自尊",而非像他们那样,在成长过程中背负着"愧疚感"。因此,乔治从未意识到,自己的不作为会对所爱之人造成负面影响。

然而,经营婚姻是另一回事。在婚姻中,乔治所爱的人也对他有所要求,这使他们的关系陷入困境。乔治如果想真正懂得如何去爱,并能够用爱去影响他人的生活,就必须学会承担责任。毕竟,爱的真谛在于行动。

此外,拥有爱的能力的人会尊重他人的边界。你是否曾与一个无法接受"不"的人交往?你有过怎样的感受?通常,你会觉得自己被控制、被操纵,内心充满怨恨,而非感到被尊重和被爱。控制欲强的人总是试图跨越边界,将对方据为己有。无论其如何声称关心对方,这样的行为都无法让人感受到真正的爱意。

拥有爱的能力的人能够控制自己的冲动。以很多酗酒者为例,他们深爱自己的家人,也因酗酒问题而深感困扰,内心充满了愧疚。然而,尽管如此,他们就像乔治一样,仍然无法抗拒酒精的诱惑,最终与所爱之人关系破裂。同样,其他诸如性行为失控、过度消费、暴饮暴食、药物滥用以及易怒等由冲动引发的问题,都会消耗原本深厚的爱。缺乏边界感会让这些行为持续下去。

责任感

性格成熟还体现为拥有责任感。乔治的不负责任不仅让他面临婚姻破裂的危机,还造成了经济上的损失,让他的生活陷入混乱,不再稳定,导致他的梦想也无法实现。

那么,责任究竟指什么呢?很多人会想到诸如职责、义务、可靠性,或仅仅是"完成任务"等概念。

责任,其含义远比这些广泛。我们可以从"所有权"的角度来理解责任。拥有自己的人生,最终就是掌握人生的控制权。所有权意味着真正拥有自己的生活,并意识到自己要为自己的生活负责,包括对自己和生命中的他人负责。当你获得了所有权,你就会意识到生活是真正属于你的,而且只属于你,没有人能够代替你去过你的生活。

我们都要对自己的人生负责,合理利用自己的才能、资源、人际关系、时间,行为恰当。负责任的人把生活视为一种被托付给自己的东西,他深知,唯有自己能对自己的所作所为负责。

在《过犹不及》一书中,我们详细阐述了边界的范围,以及它界定和保护了什么。真正负责任的个体会主动为以下事情负责:

- 感受
- 态度
- 行为
- 选择
- 限制
- 天赋
- 思想
- 欲望
- 价值观
- 爱

能主动承担这些责任的,才是真正负责任的人。唯有这样的人,才能让每个人都愿意与之建立关系。一个负责任的人会说"我的情绪是我自己的问题",或者"我的态度是我自己的问题"。

某天,我为一对出现婚姻问题的夫妇做咨询。我询问了双方的行为方式。

"你为什么回避他呢?"我问妻子。

"因为他对我大吼大叫。"她回答。

"你为什么大吼大叫？"我问丈夫。

"因为她回避我。"他回答。

我当时的问题很简单："你们认为这种状态能持续多久？"

他俩都告诉我，他们无法控制自己的行为。双方都认为自己的问题是对方造成的。由于双方都不承认自己对对方存在错误行为，做出改变的可能性也就很小。

你要让孩子能够逐渐明白，那些在他的边界之内的事物，比如感受、态度和行为，都是他自己的问题，而非他人的。一个总是将错误归咎于姐姐的孩子，在长大后也会做同样的事。而真正负责任的成年人会意识到："这是我自己的选择，我必须对此负责。"正是这样的认识，为自我控制能力的培养带来了希望。

自由

你曾经和"受害者"交往过吗？受害者觉得他在生活中没有选择的权利。生活于他而言，就像天降之物，他只能被动接受命运所带来的一切，无论是好是坏。

一位女士向我抱怨说，她的同事总是在她努力工作时打断她。她认为自己工作进度落后是同事的错。

"你为什么要跟她说话？"我问。

"什么意思？"

"当她打断你工作的时候，你为什么要和她说话呢？"

"唉，我没办法。她站在那里一直说。"

"那你为什么不直接告诉她你有工作要做，或者关上门并挂上一块'请勿打扰'的牌子？"

这位女士茫然地看着我。对她来说，拥有选择权和控制自身行为这样的观念似乎从未在她的脑海中出现过。她认为，如果某件事情"发生在自己身上"，那就是命中注定的，她无法改变。当我指出她其实有很多选择时，她好奇地向我询问这些选择是什么。我给了她五六个建议，包括与那位同事直接沟通，向主管反映情况，或者请求调换到其他工区，等等。这对她来说是一种全新的思维方式，她从未意识到自己在人际关系和生活中拥有自由选择的权利。

乔就是一个典型的"受害者"。他的公司推行了一些新政策，他感到难以应对，因此对这些变化感到十分沮丧。

"你打算怎么办？"我问他。

"什么意思？什么怎么办？"乔反问道。

"我是说，你打算如何应对这种被不喜欢的事情所困扰的处境？"

他沉默地看着我。过了很久他才意识到，他可以选择向其他公司投递简历，而不是只能被动接受每周 50 小时的繁重工作。

在良好的边界感中长大的孩子会明白，他不仅要对自己的生活负责，还能自由选择自己想要的生活方式，只要他愿意为自己的选择承担责任。对于负责任的成年人来说，一切皆有可能。

我们生活在一个充满"受害者"的社会中。很多人认为自己在生活中没有选择权，别人应该为他们做好一切事。若非如此，他们就认为自己无法独立完成事情或做出改变。然而，这恰恰为孩子的未来提供了机遇：如果你能教会孩子掌握自己生活的主动权，他将在人生道路上远超他人，获得成功几乎是板上钉钉的事！他将在竞争中拥有巨大的优势！

主动性

耶里对我讲述了她和戴夫的关系。她喜欢他的幽默、敏感、富有同情心，但对他缺乏主动性的缺点感到困扰。她曾和戴夫约好做一些新的尝试，比如一起锻炼。但到了实施计划的时候，戴夫总是需要她去主动推动，否则计划便会被搁置。她总觉得自己像是在"推他上山"。

我想戴夫的老板也有同感。戴夫能够完成他的工作，但似乎总是需要某种外部力量来推动他。他缺乏进取心这一点令人生厌。

主动性是人类的天性之一。很多时候，缺乏主动性的根源在于缺少边界感。戴夫就缺少由边界限制、以目标为导向的行为模式。

在孩子的成长过程中，培养他的主动性是培养边界感的重要环节。几年前，我和一位朋友聚会，她有一个10岁的儿子，叫戴维。在我们聊天的时候，戴维几次打断我们，抱怨"无事可做"，希望妈妈能为他安排娱乐活动。然而，这位母亲深知孩子已经拥有足够的资源去自行寻找乐趣。于是她看着他，坚定地说:"戴维,你要为自己的快乐负责。"不一会儿,戴维便主动找来了朋友一起玩耍。

最近,我偶遇了这位母亲,我们聊起了各自的近况。她兴奋地讲述着戴维在大学最后一年中的精彩经历。我心中暗想,他依然还在为自己的快乐负责。

悬疑小说作家玛格丽特·米勒说过:"生活总在我们规划其他事情时悄然展开。"然而,对很多人来说,生活更像是一场由自己主导并全力以赴的冒险。他们利用自己的天赋,不断挖掘并发展潜力,从而在生活中获得越来越多的参与感。他们不仅"为自己的快乐负责",还积极追求并实现自己的目标。相比之下,那些未能做到这一点的人,往往是由于在成长过程中没有被要求以主动精神完成任务和目标;因为有人替他们做这些事情,或是保护他们免于承担自身行为带来的后果。

尊重现实

有人曾说:"现实残酷,但唯有在此,我们才能品尝到美味的牛排。"诚然,现实或许充满挑战,但许多美好事物也都蕴藏其中。能创造美好生活的人必定对现实有正确的认知。我们所说的现实,是指在真实世界中体验自己行为带来的结果。我们将在后续章节中深入探讨这一概念,但现在,让我们先对这一概念略作了解。

简而言之,每个人都必须认识到,在真实世界中,每个人的行为都会产生实实在在的结果。成熟的人会运用这一点来为自己创造美好的生活，而满腹牢骚的人则不得不一再挣扎。

从积极的一面来看，如果我努力学习并付诸实践，我将从辛勤付出中获得回报。最近，我与一位大学时期的朋友重逢，他曾在大学二年级时转入医学院预科。我记得他刻苦钻研有机化学、物理学等课程。在已经比其他同学落后了一年半课程的情况下，他深知自己必须加倍努力才能迎头赶上。他坚信，只要加倍努力学习，就一定能够敲开医学院的大门。比赛就此开始。

如今，这位朋友已是大都市里一名备受尊重的心脏外科医生。他热爱自己的工作，成了医学领域的领军人物。许多人敬仰他，钦佩他的工作能力。然而，当仰望这位杰出的心脏外科医生时，人们往往看不到那个深信"现实后果定律"，即"只要努力学习，勤奋工作，就能取得成功"的大学生。他们只看到了他的辉煌成就。

我们往往只看到成功者光鲜的一面，却忽视了他获得成功背后的艰辛与努力。因此，我们容易陷入"魔力信念"[①]。我们错误地认为，有人之所以能取得巨大的成就，是因为他们拥有超人般的能力或某种秘诀。我们认为那是魔法。然而，真相是，每一项伟大的成就都是日积月累的结果——一天又一天的努力，一门又一门课程的掌握，一项又一项任务的完成。我们应当教会孩子这样的思维方式，让他明白，只要付出努力，他同样有机会创造辉

[①] 魔力信念：认为希望某件事情发生的信念可以使其发生。——编者注

煌。这样，他就能对现实的积极面抱有适当的敬畏之心。

但敬畏现实具有两面性。游手好闲和好逸恶劳会让我付出代价。例如，超速驾驶可能会让我被吊销驾照。如果我意识到我的行为会产生现实后果，我在工作时就会既希望获得奖励，又渴望能避免因表现不佳或选择错误而带来的痛苦。

我们都知道有些成年人对现实缺乏尊重。他们接连做出糟糕的选择，要么依赖他人来逃避后果，直到引发真正的灾难；要么一再遭受惨重的损失，始终不知悔改。我们不禁想知道，为什么他们会持续做出这些带来毁灭性后果的选择？

我们一次又一次地发现，这种行为的根源在于他们缺乏那些会让人们尊重现实的边界感。他们总是被拯救，以至于认为后果会由他人来承担，而非自己。

成熟的成年人对现实保持敬畏之心。他们明白，在大多数情况下，善有善报，恶有恶报。这种对现实后果的正反两面都保持尊重的态度，正是智慧的体现。

当然，好人也会遭遇不幸。但即便如此，如果以善报之，结果会更好一些。对于我们所处的根本现实，我们始终都有话语权。

成长

你是否曾偶遇一位久未谋面的朋友，发现她的生活已经今非昔比，变得更加美好？那一刻，你是否带着温暖的感觉离开，并由衷为她所取得的成就感到高兴？让我们回想一下那些我们都曾见证过的成就：

- 一个人减重接近30千克；
- 一对婚姻濒临破裂的夫妻重归于好，并且生活美满；
- 一个面临职业困境的人开始取得成功；
- 一个"害群之马"改邪归正；
- 一个瘾君子或酒鬼过上了清醒的生活；
- 一个曾经心碎的人开启了一段持久的关系。

或者，如果我们不只聚焦于困境的转变，也去关注那些一步一步取得成功的故事，我们同样能发现令人振奋的成就：

- 有人创办了一家小微企业，并逐渐发展壮大；
- 有人一无所有，孑然一身，后来他横穿整个国家，为自己创造了全新的生活；
- 有人在中年时踏上全新的职业道路，学习新技能，取得辉煌的成就；
- 一个害羞的人结交了一群朋友，建立了深厚的情感纽带。

几乎没有什么能像一个人获得成长并克服艰难险阻的故事那样激励人心，尤其是当这种成长体现在他自身性格的转变上时。我们热衷于见证人们的蜕变与成长，看他们超越自我，成为未曾设想过的自己，或是实现自我完善。《意外的人生》

(*Regarding Henry*)和《再生之旅》(*The Doctor*)这样的电影之所以引人入胜,正是因为它们展现了主角的蜕变与成长。

性格决定一个人成长的潜力。良好的教养能帮助孩子在面对生活的种种障碍时,养成成长型性格,不仅能获取知识和培养能力,还能改善自身的消极性格。

成长型性格包括:

- 能够从痛苦的情绪状态中恢复;
- 能够长期承受压力,并在完成应尽的责任之前保持延迟满足感或良好状态;
- 能够坦然接受失去,表达哀伤,并放下那些无法挽回或无法赢得的东西;
- 能够承认错误;
- 能够根据现实情况调整行为或方向;
- 能够原谅他人;
- 能够主动承担责任,解决问题。

如果能做到上述这些事,在面对艰难挑战时便能获得成长。

我曾经作为顾问去解决一家大型公司的人事问题。当事人正面临困境,他的行为和表现未能达到公司的期望。他极具天赋,但如果不做出改变,他很可能会失去这个职位。他最近被提拔到了一个高级职位,负责公司在多个州的业务。然而,新的职位要求他具备更高层次的问题解决能力和人际交往能力,这让他陷入困境。

例如，他必须解决分公司员工与总公司之间的冲突。有时，员工是否会离职往往取决于他如何处理这些冲突。然而，当在情绪化的情境中与人打交道时，他显得力不从心，并变得针锋相对。此外，他还希望这次职位变动能够迅速为他带来成功。

他没有以成长型心态去适应新机遇与新要求，反而采取了截然相反的做法。他要求公司和他的上司做出改变，并承认他是"正确的"。事实上，当我们审视上面列出的成长型人士的能力特征时，不难发现他在每一个方面都没有达到要求。当面对困难时，他不是去解决，而是任由问题爆发。他不愿承受损失，还会对损失耿耿于怀，也无法制订行动计划。他不愿意埋头苦干，做出那些暂时不会带来显著成果的改变；他想要立竿见影的效果。当遭到质疑时，他只会推卸责任。当被要求做出改变时，他仍然固执己见。

最终，他被一位才能稍逊但品德更出众的人取代。我深感惋惜，因为如果他具备成长型心态，他本可以做得很好。当我深入了解他的过往，才发现他从小就表现出了抗拒成长的行为模式。他从未真正被要求去适应现实，总是我行我素，利用自己的魅力和天赋来逃避改变。

为了避免浪费孩子的天赋，父母应当引导孩子做出改变，而非试图改变现实来迎合孩子。边界不仅能帮助孩子认识到自己被寄予的期望，还能让孩子认识到他需要如何成长来实现这些期望。

追求真相

一个不够诚实的人会陷于痛苦和灾难之中。作为一名咨询师，我发现由不诚实带来的情感伤痛比其他任何关系问题带来的都要多。不诚实会滋生背叛，阻碍亲密关系的建立，还会遏制成长。只有当一个人能够并愿意保持诚实，他才能获得成长。

诚实始于父母的榜样作用，他们不仅要要求孩子诚实，还要创造一个安全的环境，让孩子敢于说真话。孩子在面临真相可能带来的威胁时，往往会选择隐瞒。因此，父母需要营造一个环境，让孩子能够克服天性中的隐瞒倾向。这需要父母在保障环境安全的同时，也坚持一定的标准，在二者之间达成微妙的平衡。

汤姆和萨拉是一对夫妻，我和他们一起工作了几个月。有一天，萨拉走进办公室对我说："一切都结束了。我就是不能相信他，以后也不可能相信了。"

"发生了什么事？"我问她，心想汤姆一定又有外遇了。几年前他就出轨过一次，而她一直没有放下这件事。

"他说我们有足够的钱支付账单，不用担心。但今天我收到了好几封邮件，说我们欠下了很多债。"她忍不住哭了起来，"我再也过不下去了。"

在交谈中，我意识到这又是一个我无数次从那些不坦诚的夫妻口中听过的故事。可悲的是，金钱问题本身并非症结所在，关键在于汤姆在金钱问题上的不诚实。萨拉本可以处理金钱问题，但由于汤姆无法坦承到底欠了多少钱，她仿佛置身于流沙之中，不断发现事实与汤姆所描述的大相径庭。通常，伴侣隐瞒的并非什么惊天动地的大事，但隐瞒和撒谎这种行为会严重损害伴侣彼此间的信任。我最常从受伤的一方那里听到的诉求是："我不在乎是什么事，只希望你能告诉我真相，让我知道我们到底在面临什么。"

关于说谎者，一个令人难过的问题是：为什么？既然说真话要简单得多，为什么还要选择说谎？既然欺骗会招致更多愤怒，为什么不承认错误？明明已经身处困境，为什么还要再制造另一个问题（撒谎）？

答案往往隐藏在个人的经历和性格发展历程之中。他害怕因关系中的失误而引发愤怒、羞耻、愧疚，害怕被谴责和被抛弃。因此，他选择了隐瞒真相。然而，当真相大白时，反而触发了这些他从一开始就惧怕的情绪。但这一切不良后果，更多是因为说谎，而非犯错。

边界有助于人们讲真话。除了对真相的需求，边界还给人提供了安全感，以应对失败造成的后果。孩子在面对自己的错误所带来的已知的、必然的后果（如面壁思过、失去看电视的权利或去商场的机会）时，通常能够应对自如。相比之下，他更难以处理人际关系引发的愤怒、内疚、羞耻、被谴责或被抛弃等后果。因此，当孩子面临人际关系上的后果时，往往更倾向于隐瞒自己的错误。

艰巨的任务

将性格养成视为育儿任务可能会让人感到压力重重。确实，着眼当下或顺其自然会更轻松一些，但我们的需求不止于此。正如前文所述，孩子的性格将在很大程度上决定他的人生轨迹。

史蒂芬·柯维（Stephen Covey）在其畅销书《高效能人士的七个习惯》（*The 7 Habits of Highly Effective People*）中提出了"以终为始"的理念。这一理念不仅适用于成功人士，也适用于优秀的父母。当我们认识到为人父母的一个重要目标是培养性格良好的孩子时，我们就已经朝着这个目标迈进了一步。

然而，要想培养出一个性格良好的孩子，我们自己也必须成为拥有良好性格的父母。要想让孩子拥有边界感，我们自己首先需要有边界感。这便是下一章的主题。

第 3 章

有边界感的家庭，能养育健康的孩子

我（汤森德博士）第一次听到"问题儿童"这个词是在读小学的时候。当时我无意间听到两位教师在谈论我的同学韦恩。其中一位教师说："我听说韦恩在来我们班之前就是个问题儿童。"

我认识韦恩，也很喜欢他，这个词对我来说并不陌生。他总是显得难以控制自己。他经常在课堂上捣乱，爱出风头，打扰别人，也不太尊重老师。我从未深入思考过他为什么会这样，直到一个周六，我去了他家。

韦恩的父母非常和蔼，但他们似乎很少给儿子设定规则。比如，我们在客厅里玩篮球时，声音非常大，持续了很长时间，但没有人说什么。直到他的妈妈走进来，带着一丝恳求的微笑说："韦恩，亲爱的，我不想打扰你的兴致，但你能不能去别的地方玩？"

然而，韦恩只是冲她说了句狠话，我们并没有停下来。

过了一会儿，韦恩的爸爸走进房间，大声呵斥道："喂，你们两个，还要我说多少次，给我停下来！"

我们只好离开客厅，到楼上韦恩的卧室里继续玩球，楼下的人被我们弄得更加心烦意乱。显然，韦恩在家里可以为所欲为。

有问题的环境造就了有问题的儿童。同样，有着健康边界感的孩子，也不是无中生有地培养出的。尽管我们天生对从出生起就受到的各种限制有所抵触，但我们会从与限制博弈的过程中受益。

心理咨询界有时会责怪父母，把所有失控行为都归咎于他儿时的经历。这种观点并不完全准确。实际上，真相比这更糟！我们之所以成为今天的样子，是我们所处的环境和我们对环境的反应这两股力量相互作用的结果。我们所受的家庭教育、重要的人际关系及所处的境况都极大地塑造了我们的性格和态度。但是，我们对重要的人际关系和所处境况做出的反应——无论是采取防御性的态度，还是勇于承担责任——也会影响我们将成为什么样的人。

无论是你的孩子正面临着界线问题，还是你想帮助你的孩子成为一个负责任、诚实的人，本章的目的都不是让你感到内疚。相反，我们想阐述的是帮助孩子培养边界感的首要且至关重要的因素——有边界感的父母。

孩子会对你的教养方式做出反应

诚然，我的朋友韦恩确实存在问题，我们也不能否认这些是韦恩自己的问题，他需要自己努力去解决；但是，还有一个原则正起着作用：在解读孩子的行为时，我们既要考虑孩子的动机、需求、个性和实际情况，也要认识到这些行为可能是对我们教养方式的一种反应。这要求我们转变思维，不仅从动机、需求、个性和实际情况去考虑一个人的行为，还要考虑我们的教养方式造成的影响。

以我的朋友韦恩为例。他不尊重他人，不服从管教，并且行为失控。人们可能会尝试从多个角度去理解韦恩的行为。他易冲动，以自我为中心，举止不成熟。这些情况可能确实存在，但我们却忽略了他父母的作用。韦恩的行为是对他父母的育儿方式的回应。他的行为已经到了父母所能容忍的极限。他知道他母亲性格软弱，害怕发生冲突，所以他利用了她的弱点。他知道他父亲会大发雷霆，但在父亲爆发之前，他可以随心所欲。他甚至明白，即使父亲真的生气了，他也可以通过钻空子来逃避父亲的责罚，然后在其他地方继续捣蛋。因为父亲很可能不会采取任何实质性措施，而是会心安理得地继续看报纸，因为他认为自己已经把孩子管教好了。

一般而言，孩子并不清楚自己在做什么，他对如何正确地应对生活所知甚少。这正是他需要父母的原因，父母需要关爱他，为他建立秩序，并引导他走向成熟。正如小狗需要接受服从性训练一样，孩子也需要外界的帮助。总的来说，孩子的成长水平往往受限于父母为他设定的框架，难以超越其上。父母在承担责任和教会孩子责任感方面的能力的局限性，会直接导致孩子责任感的薄弱。孩子无法自行成长，他会根据父母的养育方式来做出反应和调整。

孩子最初也是最基本的世界观是在家庭生活中形成的。在家庭生活里,他逐渐形成关于现实、爱、责任、选择以及自由的概念。所以,如果你能以遵循现实法则的方式与孩子相处,他将顺利地融入外面的世界。然而,如果你试图为孩子挡下所有由于不负责任而带来的后果,他长大后很可能会面临诸多挑战。

当面对孩子存在的问题时,父母需要问自己的一个最有帮助的问题不是"他为什么总是这样?",而是"我在这个问题上扮演了什么角色?"。这可能会让你感到痛苦,因为这需要你审视自己的不足,而不是孩子的错误。但这种方法的好处在于,它能让你从试图控制孩子的无用功中解脱出来,转而专注于改善你与孩子的相处方式。

要成为有边界感的父母,并培养出有边界感的孩子,首先需要正视一个事实:仅仅依靠这本书是不够的。你也需要努力提升自己,审视自己的边界问题,找出薄弱之处,积极寻求信息和帮助。如果你还未曾读过我们的《过犹不及》,我们建议你购买一本,并搭配本书一起学习,与你生活中其他正在成长中的人一起修复并建立边界。

父母影响孩子的三种方式

作为父母,你可以通过三种方式来影响你的孩子,帮助他们建立边界。

教导

你教孩子系鞋带，骑自行车，打扫房间。你送他去上学，学习知识和技能。你也可以教他建立边界感——适当地倾听和适时地拒绝的能力。

边界的概念和原则明确且清晰。它不是模糊、深奥的想法，而是植根于现实和日常生活之中。因此，你可以直接教给孩子，他是学得会的。你可以帮助孩子用语言阐述他的经历，将你的教导应用到新的情境中，并在他成长和发展的过程中予以澄清和修正。

举个例子，不要害怕在孩子面前使用"边界"这个词，它很有用。当孩子愤怒地冲你尖叫个不停，你先等待一段时间，直到他冷静下来。然后说："在我们家有一个规定，那就是不允许尖叫。你可以生气，也可以跟我谈谈你的愤怒，但是尖叫声会打扰到别人。如果你越过了这个边界，后果就是你将失去放学后玩耍的时间。"

更进一步来说，我们应该向孩子传授有关边界的原则，而不仅是具体的应用。即使是年幼的孩子也能学会说出"你要对自己的行为负责"这样的话。这意味着他需要承担起如整理房间、取得好成绩、遵守餐桌礼仪以及控制自己的情绪等责任。他不能将失败归咎于其他人。这些关于边界的原则可以自然地融入家庭生活的方方面面，孩子也会在其他场合中看到这些原则的应用。例如，一个4岁的小男孩就曾对他的兄弟姐妹说："不要拿那个玩具，这是我的边界。"因此，我们应该根据孩子的年龄阶段，耐心地教他这些重要的观念。

以下是适用于不同年龄段儿童边界建立的基本指导原则。

从出生到 12 个月。在生命的第一年里，婴儿正与父母建立联结以及基本的信任。在这个阶段，边界应该非常宽松。婴儿内心没有足够的爱或秩序感来承受过多的挫败感。在此阶段，母亲需要保护和滋养婴儿，满足他对舒适和爱的需求。

1 岁至 3 岁。这个阶段的孩子开始对"不"字有反应，并能逐渐理解自己不听话所带来的后果。在他面对危险、情绪爆发或是有攻击行为时，虽然可能还不太明白父母讲的道理，但通常能明白听从"不"的指令会带来积极反馈，而无视"不"则会带来不愉快的后果。

4 岁至 5 岁。在这个阶段，孩子的理解能力进一步提高，能够更好地理解承担责任的理由以及不负责任可能会造成的后果。他能够与父母讨论这些事。学习如何善待朋友，如何尊重权威，如何礼貌地表达不同意见，以及如何参与家务劳动等，都是此阶段有关建立边界感的重要内容。对于这个年龄段的孩子，采用如"暂时隔离"、没收玩具、不让看电视或取消娱乐活动等措施，通常能够取得较好的效果。

6 岁至 11 岁。这个阶段的孩子非常勤奋，同时也会更加投入家庭之外的世界，比如学校、活动和朋友。此时孩子面临的边界问题包括如何平衡在家的时间和与朋友相处的时间，完成家庭作业和学校任务，追求目标，以及合理分配时间和金钱，等等，他可能需要对友谊、自由和家庭特权做出限制。

12 岁至 18 岁。青春期是成年前的最后一个阶段。它涉及稳固有别于父母的自我认同、明确职业方向、性成熟、做出爱情选择以及形成价值观等任务。这也是你应该开始"去教养化"的时期，也就是从控制孩子转变为影响孩子。

当孩子处于青春期时，你需要帮助他解决诸如人际关系、价值观、日程安排和长期目标等方面的问题，并尽可能保证结果是合乎情理的。（例如，不要用钱帮他解决麻烦，或者支持学校对他采取的措施。）

在这个阶段，需要特别铭记的一点是：行为举止如同 3 岁小孩的青少年，不应该享有举止成熟的青少年应得的自由。自由来源于承担责任，而不是随着年龄增长就能自动获得的礼物。

示范

示范和教导是不同的。孩子会观察和学习你是如何在生活中处理边界问题的。他会观察你如何对待他、你的伴侣以及你的工作。他会模仿你，无论是好的方面还是坏的方面。他仰慕并渴望成为那些更高大、更有力量的人。他穿上爸爸的便鞋或涂抹妈妈的口红，来尝试扮演成人的角色，看看哪种更适合自己。从这个意义上说，边界更多是被"习得"的，而不是被"教授"的。

示范行为无时无刻不在进行，而不仅仅在你扮演父母的角色时。实际上，只要你在孩子的视线范围内或他能听到你的声音，你都在为孩子做示范。当母亲发现孩子在模仿自己的行为，而不是听她的话时，她常常会感到担心："我明明教过他如何明辨是非！"她可能曾经教过，但孩子往往很早就发现了母亲（或父亲）的信念与行为之间的不一致性。

制定通用的家庭行为规则是一个很好的做法。许多关于特权和责任的规则，如就寝时间和看电视时长，对孩子和成人来说是不同的。然而，有些规则应该适用于所有家庭成员，比如"不可以打断他人说话"。不过，父母常常觉得自己要说的话比孩子关于学校琐事的闲聊更为重要。

如果家庭成员达成了共识，即每个成员都有权根据通用的家庭规则与其他成员进行争论，孩子就能看到尊重他人的榜样。当小杰里米说"妈妈，你刚才打断我了"，妈妈以非防御性的态度回应道"你说得对，儿子，真的很抱歉"，孩子就会从这样的互动中学会尊重、责任感，学会道歉以及遵守家庭规则，就像成年人一样。

这些不仅是成年人的优秀、健康和成熟的特质，也是现实生活中的行为规范。孩子正迫切寻找可效仿、可遵循的行为准则。在上述例子中，如果妈妈说的是"杰里米，你不明白，我必须说这些话，因为它们非常重要"，那么，当杰里米因违反规则而受到指责时，他可能会变得像妈妈一样充满戒备，并为自己的行为辩解。孩子对于归属感的需求比他对追求良好表现的需求更为重要。如果他发现遵守家庭规则能够感受到归属感，他就会愿意这样做。相反，如果他觉得违反家庭规则能吸引他人的注意力，从而获得归属感，他也会选择这样做。你作为父母所展现出的榜样作用至关重要。

帮助孩子进行内化

内化就是使某物成为你自身的一部分。这不仅是学习一个事实，也不止步于阐述清楚一个事实，而是让这个事实成为你亲身体验过的现实。了解某事物有两种方式，包括智力上的和体验上的。你可以记住浪漫爱情的定义，这是一种智力上的"了解"。然而，坠入爱河则完全是另一回事，它是一种体验上的"了解"。

这种差异或许会让你感到沮丧，但若能欣然接受，你的育儿之路将更加顺畅：单靠口头说教来让孩子建立边界感，效果往往微乎其微。但是，当你与孩子一同"实践"，他就会内化这些经验，铭记于心，理解并消化，最终这些经验会塑造他看待现实的视角。

我和我的妻子巴尔比教我们7岁的儿子里基和5岁的儿子本尼要如何承担经济责任。我们根据他们每周要完成的家务，分配给他们一小笔钱。他们收入的一部分用于"交税"，一部分用于储蓄，还有一部分是零花钱。刚开始实施这个计划时，孩子们以为钱是树上长出来的。他们享受拥有钱的感觉，但完全不懂财务责任。在他们眼里，有钱是好事，而且钱好像永远也用不完。巴尔比和我多次教导他们要为了自己想要的东西存钱，不要一下子全花光。但这些话对他们来说就像耳边风。这也不能怪他们，因为他们从未经历过想买某样东西却囊中羞涩的窘境。

有一天，孩子们把他们所有的零花钱都用来买了一个心仪已久的玩具。几天后，他们一直想要的漫画书打折了，于是他们兴冲冲地跑去拿零花钱。但钱袋并不会在一夜之间自动填满，里面空空如也。他们只好来找我们帮忙。我们告诉他们:"我们不会送你们礼物,也不会借你们钱,你们只能按照通常的周薪标准去赚钱。"他们问能不能多做些家务来赚钱,我们拒绝了。

然后他们哭了。我们对他们错过打折机会表示同情,但他们的钱袋依然空空如也。几小时后,本尼说:"我以后一定要存很久很久的钱。"他确实这么做了,里基也这么做了。到了下一个发薪日,他们小心翼翼地把零花钱存起来,讨论着要如何存下更多的钱,以及如何节制自己的开销。他们开始内化这一事实:如果现在就把钱花光,以后就没有了。

无论我们如何苦口婆心地教导和叮咛,都无法达到这样的效果。孩子必须经历与父母所建立的边界的碰撞,才能学会建立自己的边界。你就像一棵橡树,孩子一次次地撞上去,直到他意识到这棵树比他更强大,下次他就会绕道而行了。

边界教育的阻碍

有句老话说得好:"没有金刚钻,别揽瓷器活。"教养过程中的部分压力源自你需要忍受和承受孩子对你设立的边界的不满。在这个过程中,你和你的孩子扮演着不同的角色:孩子会试探你的决心,从而学习现实世界的规则;而你则要经受住这些试探,忍受孩子的愤怒、耍脾气、大哭大闹等反应。

设立边界确实很难!大多数父母在维持自己的边界和培养孩子学会设立边界这两个方面都面临着挑战。以下是你应该了解的一些阻碍。

依赖孩子

"为什么我不能在马德莱娜家过夜?"13岁的贝弗利向她的母亲萨曼莎抱怨道。萨曼莎犹豫了一下,说:"亲爱的,我记得你这周已经出去两个晚上了,而且明天还要上学。我相信你下次还能见到马德莱娜的。"

"你就是不想让我有朋友!我从来没做过我想做的事,从来没有!"说完,贝弗利气呼呼地走出厨房,上楼回到自己的房间。

萨曼莎站在原地,又开始了她和女儿之间延续了多年的对峙戏码。她渴望并需要贝弗利感到快乐并与她亲近,她们的关系是她重要的精神支柱。面对女儿的疏远,她感到难以承受的心痛。于是,她站在紧闭的卧室门外,说:"或许我刚才的话太重了。你这周过得挺不容易的,我想再多出去一个晚上也没什么大不了的。"

话音刚落,门猛地被推开,贝弗利紧紧抱住萨曼莎,激动地喊道:"妈妈,你真好!"萨曼莎再次修复了与女儿的感情裂痕,但她无意间让贝弗利错失了经历成长中必要的磨难的机会。

对孩子的成长而言,没有什么比爱更重要。作为孩子主要的资源提供者,你给予他的亲密、关怀和滋养是他茁壮成长的基石。然而,这种亲密有时可能会与家长自身的情感需求相混淆。这种情况被称为"依赖"。而这与亲子关系应有的状态是截然相反的。

我们大多数人都对家庭怀有强烈的渴望，想要一个归属之地，一个欢迎我们、理解我们的地方。我们长大成人，寻找伴侣，建立自己的小家。这是一个美好且必要的过程。家庭能够满足我们的许多需求。

然而，当父母需要用孩子的亲近或关爱来满足自己的需求时，问题就出现了：孩子会在不知不觉中成为给父母带来温暖、联结和爱的工具，这让孩子在过早的年纪就承担了父母的角色。举个例子，我曾经的一位来访者来自一个大家庭，他问他的母亲为什么要生这么多孩子。母亲回答说："因为我不想再像小时候那样孤独了。"

孩子会很乐意在妈妈或爸爸面前扮演父母的角色。这并不是说他想要扮演这个角色，而是他会根据关系的需要来行动。如果安抚、慰藉和满足爸爸的情感需求能让他与爸爸建立联结，他就会扮演起这个角色。

这不仅会导致孩子在以后的生活中出现问题，比如被迫成为照顾者、陷入抑郁或变得有强迫倾向，更会损害父母为孩子设立合理边界的能力。当你需要某人的爱时，你往往很难与他对质或拒绝他，因为这样做可能会引发对方的内疚、愤怒甚或疏远，从而让你失去这份爱。因此，孩子并没有得到有效的管教，反而学会了通过撤回爱来得到他想要的东西。尽管双方可能都没有意识到，但孩子实际上是在对父母进行情感勒索。而父母则会努力维持他们之间的和谐，以免关系破裂。

请坦诚地面对自己，问自己一个尖锐的问题：我是否担心如果拒绝孩子的要求，就会失去我所需要的、他给予我的爱？如果是这样，那么请开始寻找其他途径来满足你对关系的渴望。孩子在成长的道路上已经背负了足够重的负担，请不要再给他增加额外的压力。去交朋友、参加活动、加入互助组织，这些都是可以帮助你获得归属感的好方式。

过度认同孩子

特洛伊和他的妻子凯瑟琳满怀期待。自从3岁的加文出生后，他们已经很久没有进行过真正的二人约会了。这次，他们精心计划了晚餐和音乐会，打算好好享受一下二人世界。当保姆来接班时，加文害羞地向她打了招呼。但当看到父母穿上外套准备出门，他突然大哭起来，紧紧抱住妈妈的膝盖，不愿放手。

"凯瑟琳，快走吧，"特洛伊拉着妻子的手臂催促道，"他会没事的。"但凯瑟琳像被定住了一般，无法动弹。她看着孩子眼中闪烁的泪光，体验到了加文此刻深切的被遗弃感和孤独感。她心疼地看着还那么小的孩子，感受到了他的痛苦和悲伤。她明白自己必须做出选择。"亲爱的，我们能改个时间吗？"她恳求特洛伊，"他现在肯定很伤心，很害怕。"她的丈夫叹了口气，脱下了外套。又一个浪漫的约会之夜就这样泡汤了。

父母常常难以延迟满足孩子的需求，因为他们会与孩子的感受过度共情。父母需要与孩子的痛苦、恐惧和孤独共情，这样孩子的内在才能得到充盈，他的感受才会被认可和理解，从而学会处理和运用他的情绪。然而，有些父母会混淆自己的痛苦感受与孩子的感受，错误地认为孩子面临的困境比真实情况严重。父母将自己的问题投射到孩子身上。比如，幼儿可能只是感到有一点不适，但在母亲看来却是遭受了巨大的创伤；青少年可能只是有些焦虑，但在父亲眼中却变成了恐慌。

这通常是父母自身未解决的问题的一种表现。以凯瑟琳为例，她曾经遭受了她父母的情感遗弃。当她没有做到完美时，他们就会收回对她的爱，疏远她，甚至长时间不和她说话。因此，凯瑟琳在长大、结婚之后，每当特洛伊晚归或出差，她就会感到不安，觉得自己无人保护，孤苦无依。尽管她努力想要摆脱这种感受，但童年的被遗弃感始终挥之不去，影响着她的婚姻生活。

当加文因为凯瑟琳要离开而抗议时，凯瑟琳"读出"了自己内心的感受。他的哭声深深刺痛了她的心，让她想起了自己曾经的伤痛。然而，不同之处在于，加文从未被遗弃过。凯瑟琳一直以来都给予她的儿子细致且持久的爱，使他成了一个备受宠爱的孩子。儿子的眼泪并不是因为缺乏爱而留下的创伤，而是一个3岁的孩子需要学会接受妈妈暂时不在身边的正常悲伤。

如果你发现自己无法忍受孩子的痛苦，你可能正在将自己的痛苦投射到孩子身上。这时，你需要审视自己过去那些可能尚未愈合的伤口。寻求明智的建议来探究这些问题是非常重要的。你需要这样做，你的孩子也需要一位能够区分"创伤"和"受伤"的家长。

将爱和独立视为对立

当 12 岁的罗恩带着一张满是低分的成绩单回家时，苏西对基思说："是时候让他承担后果了。罗恩智商很高，但老师说他上课总是心不在焉。我们需要讨论一下，是否要限制他使用手机、晚上外出、看电视的时间，或者采取其他什么措施，来帮他改正。"

基思温柔地回应道："亲爱的，我明白成绩是个问题。但罗恩也需要知道我们爱他。如果我们过于严厉地对待他，他可能会误以为我们不在乎他，甚至可能误入歧途。我们还是坐下来，耐心地和他沟通，我相信他会理解并改正的。"

如你所料，罗恩在很长一段时间内都没有"改正"，直到 4 年后他从职业学校退学并参军。军队中的纪律帮助他成长了，但此时他已经失去了多少时间和机会啊！基思犯了一个常见的错误，他以为给儿子立规矩、与儿子保持距离就是不爱他。他不希望做任何可能损害他与儿子之间的感情的事情。

许多父母都误解了这个问题。他们害怕与子女产生分歧和进行对质，或者仅仅是在某些方面与子女意见不同，就将之视为亲子关系的破裂。因此，他们选择沉默不语，直到事情真的到了无法挽回的地步。然而，事实是，爱与独立是相辅相成的，一方并不会威胁到另一方。事实上，你在某人面前能保持多大程度的独立，也就能在多大程度上真正爱他（她）。

如果你从未与你所爱的人产生过分歧，那么一定有什么地方出了问题。有些人害怕在另一个人面前展现真实的自我。这种恐惧实际上是对爱的否定。你只有在保持独立自我的情况下才能真正去爱一个人。也就是说，爱并不意味着失去自我，而是让你获得自由，给予你力量去展现真实的自己。

基思所能做的最有爱的事情，就是坐下来和罗恩谈谈，明确地告诉他，他的选择会带来什么后果，这样他才能开始成熟起来。基思应该让儿子明白，他们是两个独立的个体，他对儿子的生活方式有着不同的看法。但同时，他也应该让罗恩感受到自己有多么关心他，并希望他拥有最好的未来。

当你为孩子设立边界时，他反而更能感到安全和被爱。他知道你重视他在一定范围内选择自己道路的自由，并会与他一同守护和发展这份自由。

你可能会觉得，当你对孩子说实话时，爱就消失了。你也可能会觉得，当你和孩子亲近时，你就无法保持诚实。如果是这样，请努力成为一个真诚而诚实的人，特别是对那些在生活中支持你的人。这样下去，好人会更加亲近你，更加爱你。而那些不好的人很可能会离你而去。记住，爱和真相是相辅相成的。

忽视和爆发

卡罗尔一直视耐心为自己的美德之一。她擅长平息纷争，能够洞察全局，并耐心等待改变和最终结果。然而，在养育她5岁的女儿苔丝时，这一优势却经常受到考验。苔丝性格倔强，每次去杂货店都会不停地大声要求买玩具和冰激凌。卡罗尔认为最好还是忽视这一行为，希望无理的要求能自然消失。结果却没有。每次逛市场，苔丝都会更大声地提出比前一次更加让人尴尬的要求。

直到有一次，卡罗尔和苔丝在购物时，偶遇了卡罗尔的一位朋友。"哎呀，看来你女儿真有一套，总能得到她想要的。"朋友说。

卡罗尔听后，感到无地自容。回到车上后，苔丝再次提出要吃饼干。卡罗尔终于按捺不住，对女儿大发雷霆："够了，小姑娘！我已经忍你很久了！你在店里的行为让我忍无可忍！回到家你就直接去房间反省。等你爸爸回来，看他怎么收拾你！"卡罗尔彻底失去了耐心，开始疯狂地咆哮。而苔丝则被吓得不知所措，一路上都在哭泣。卡罗尔心中充满了内疚和无力感。

卡罗尔在不知不觉中，对苔丝采取了"忽视和爆发"的应对策略。她一直在容忍苔丝的不当行为，希望这些行为能够自行消失。然而，事与愿违，苔丝的不当行为愈演愈烈。与此同时，卡罗尔心中的怨恨也在不断积累。终于，所有她一直未说出口的实话一次性爆发了出来，苔丝感到既受伤又害怕。这种常见的矛盾源于一个错误信念，即问题会自行得到解决。但遗憾的是，现实并非如此。无论是对身体疾病还是屋顶上的洞，你都不能采取这种放任自流的态度。一般来说，如果不及时解决问题，情况只会随着时间的推移变得更加严重，而不是变好。

孩子也是如此。孩子对于自身需求或不当行为缺乏自制力。他需要父母从外部为他设立边界，对他的行为做出限制并预设后果，而后予以纠正。直到这些边界内化为他内心的规范。这就是为什么在孩子成长阶段早期，父母对有问题的行为采取一致的应对措施是如此重要。

"忽视和爆发"会让孩子明白，无论想要什么都应该坚持到底。他可能会发现，既然在十次里有九次都能逃避惩罚，那么他只需要学会如何在剩下的一次中忍受失控的父母。这样的成功率非常高。如果一只股票有高达 90% 的成功率，你很可能也会迫不及待地进行投资。但为了避免给孩子传递这样的信息，我们应该尽早面对问题，并请求朋友帮助我们在育儿方面保持一致性。这样做有助于你帮助孩子适应现实，让他明白无论多么坚持，他都不可能得到想要的一切。

过度消耗精力

孩子能觉察到我们何时变得软弱，准备向他妥协，这让人害怕。许多父母都深有体会，那些聪明的青少年会通过各种方式——乞求、恳求、争论，以及给出看似合理的解释——来逃避一些责任。我的一些朋友说，他们的孩子为了逃避倒垃圾这样一项只需要花费 10 分钟时间的简单任务，竟然能与他们持续争论 45 分钟！对孩子来说，只要能避免做这件事，哪怕花费再多时间他们也不介意。

孩子会不断地试探我们的底线，他不会轻易放弃。越晚对他进行严肃的边界教育，他就越会激烈地反抗。长期以来，你可能已经习惯了扮演"上帝"的角色，现在要放弃这个角色并不容易。我们理解有些父母的想法："哦，好吧，我这次就让步，给他钱。我们不值得为此争吵。"在某些情况下，这或许是正确的。但是，每次你允许孩子逃避责任，都会削弱其成为自律之人的能力。

如果你发现，你的孩子正在逐渐消磨你的精力，这可能意味着两件事。首先，你可能正处于一种匮乏状态，要么是因为你孤立无援，要么是因为你缺乏自己的时间。我们不能在孤立无援的环境中维持边界。你需要建立稳定且有益的人际关系，或者为自己留出一些时间，来补充和恢复自己的精力。记住，父母是暂时的角色，不是你永恒的身份。拥有自己生活的父母，可以让孩子知道他不是宇宙的中心，同时他也可以自由地追求自己的梦想。其次，你可能已经让孩子形成了这样的习惯：只要他坚持到一定程度，你就会让步。正如我的一个好友所言："为人父母的诀窍在于，你坚持底线的次数要比孩子坚持要求的次数多。你只需要做到这一点——再多坚持一次。"你需要一些朋友来为你加油打气，帮助你在成千上万个关键时刻坚守住底线。好消息是，当你这样做的时候，孩子就会明白，父母这次是认真的，他就会开始减少反抗。

记住，你不能教给孩子你自己都不具备的东西。不要只是对孩子口头申明边界，而是要把边界落实到生活中。如果你还没有做到这一点，那就从现在开始努力改变自己。这会让你和孩子受益无穷。

我们希望你现在已经受到启发和鼓舞，认识到培养孩子的边界意识以及成为有边界的父母的重要性。在本书接下来的第二部分，你将了解边界的十大定律。这些定律将为你提供指导，帮助你将边界应用在与孩子共同的家庭生活中的方方面面。将这些定律作为工具，帮助孩子学会承担责任，并培养他的责任感。

Boundaries with Kids

---— 第二部分 ---—

孩子需要知道的边界定律

第 4 章

我这么做会有什么后果？
播种与收获定律

萨莉对这次全家的迪士尼之旅充满了憧憬与期待。她想象着与家人共度欢乐时光的美好画面，心中充满了喜悦。他们计划在中午出发，为了确保一切顺利，早餐时萨莉便开始规划每个人在出发前需要做什么。她希望儿子贾森能完成他一直拖延的打理院子的活儿，因为他们那天得把耙子和其他工具还给朋友。

萨莉告诉贾森他"必须"在出发前完成这项工作。她强调这项工作"绝对"要在上午 11 点 30 分之前完成，因此他需要马上动手。然而，1 小时过去了，贾森却迟迟没有开始。萨莉再次提醒了他。又过了 30 分钟，贾森依然没有行动，萨莉又提醒了他。

接着，萨莉忙其他事情去了。到了 11 点 30 分，她走进客厅，却发现贾森正在看电视。

"你在干什么？"她尖叫道，"我告诉过你，要在我们出发前把院子打理好。现在我们都要迟到了！我真不敢相信你会这样对我们。"

她继续愤怒地抱怨，直到她、孩子的爸爸、贾森的一个姐姐和贾森自己一起完成了打理院子的工作。他们终于在下午1点10分出发了。去迪士尼的路上，气氛并不愉快，每个人都对贾森投以埋怨的目光。这一天接下来的时间里，氛围也受到了影响。

在街的另一边，也发生了类似的情况，但结果截然不同。苏珊计划下午与她的三个女儿去购物。她已经给她们所有人都布置了出门前需要完成的任务。她告诉她们，她们将在下午1点出发，没有完成任务的人将无法前往。

出发前大约15分钟，她发现二女儿珍还没有完成她的家务。

"看来你选择不去了，"苏珊对珍说，"那太遗憾了。我们会想念你的。"

"你不能这样对我。这不公平！"珍喊道。

"我想我已经说得很清楚了，购物前必须完成这些任务。你选择不做，我真的很伤心。我们待会儿见。顺便说一句，我现在没有时间考虑如果你晚饭前还没完成会有什么后果，但也许我们不必为此担心。我希望你能避免再次受到惩罚。我们会想念你的。再见。"

苏珊和另外两个女儿一同度过了一个愉快的下午。

教孩子面对现实

相较于现实后果，父母更容易混淆心理问题引发的后果与不良关系引发的后果，也就是心理后果与不良关系后果。生活建立在现实后果的基础之上。心理后果和不良关系后果，如愤怒、内疚、唠叨，以及撤回爱，通常无法促使人们做出改变。即使能起作用，这种改变也只是短暂的，只能让人减轻心理压力。通常只有在遭遇现实后果时，比如痛苦，或者失去时间、金钱、财产、喜欢的东西和珍视的人，真正的改变才会发生。

在前文的两个例子中，萨莉和苏珊面临的情况基本相同，但她们的反应却截然相反。萨莉运用了心理后果和不良关系后果，而避免了现实后果。苏珊则避免了心理后果，选择了现实后果。

简而言之，苏珊让珍体验了"播种与收获定律"。她种下了"不负责任"的种子，并收获了相应的后果：失去她所珍视的东西。难道这不是现实世界的运作方式吗？这条定律难道不是她成年后需要理解的吗？

表 4-1 设立界线与不设立界线的不同后果

萨莉为贾森提供的后果	苏珊为珍提供的后果
● 唠叨了一整个早上，让贾森不靠自己留意时间。	● 全程都没有唠叨。她认为如果珍愿意，她能自己把握时间。
● 大喊大叫和发脾气，将关注点从贾森拖延这个真正的问题转移到了她自己身上，让贾森觉得她才是问题所在。例如，原本的问题是"我行动晚了，有可能会错过某些事情"，现在变成"我有一个疯妈妈"。	● 没有情绪反应，避免让自己成为珍的新问题。 ● 没有被孩子的行为影响。她始终掌控着自己的生活节奏，没有让珍的行为扰乱家庭计划或家人的情绪。

(续表)

萨莉为贾森提供的后果	苏珊为珍提供的后果
● 对孩子的行为采取受害者立场——"我们要迟到了,看看你都做了什么"——这会让孩子以为他可以控制全家的日程和情绪。 ● 激起孩子的不良情绪(内疚、怨恨和愤怒),而不是唯一能帮助他改变的情绪——悲伤。 ● 最糟糕的是,她使得孩子的行为没有给他带来实质性的后果,只是让她自己感到难过,而孩子对此早已无动于衷。	● 没有激起珍的任何不良情绪反应,而是让珍自然地体验到失落。 ● 确保孩子的行为让她失去了做某件她珍视的事情的机会。

只有当我们有机会为自己的过失承担后果时,我们才能从中吸取教训。现实后果会促使我们改变自己的行为。

在日常生活中,播种与收获定律不可或缺,既包括积极的方面,也包括消极的方面。我们可以围绕它构建我们的生活。从积极的方面来说,我们可以依靠这条定律促使好事的发生:

● 如果我努力工作,事业就会有所精进;
● 如果我拨打足够多的销售电话,我一定能够做成几单生意;

- 如果我花时间与我在乎的人坦诚交流，我们的关系一定会更加深厚。

这条定律也可能促使坏事发生：

- 如果我毫无节制地大吃大喝，体重就会增加，甚至可能患上心脏病；
- 如果我对亲近的人大吼大叫，不仅会伤害他们，还会让我们之间产生隔阂；
- 如果我不积极追求职业成长，就会停滞在当前的水平，最终无法实现自己的理想；
- 如果我不控制消费，就可能陷入财务困境，失去自由。

播种与收获定律的积极面赋予我们一定程度的力量感和对生活的掌控感。生活经验表明，努力、勤奋和责任感会带来回报。

播种与收获定律的消极面则让我们对坏事保持适度的敬畏之心。对后果的敬畏使我们能脚踏实地，朝着正确的方向前进。例如，通过人际关系中的失败结果，我们学会如何以成功的方式去爱。

但是，如果我们从未了解播种与收获定律，我们在生活中积极的方面和消极的方面都会遭受损失。我们既没有动力做好工作并保持勤奋，同时也不忌惮懒惰、不负责任和其他性格问题。

这两种情况都会导致痛苦：失去美好的现实，并遭遇不幸。

想想贾森学到的东西：你不需要尽自己的责任，因为每个人都会帮你分担。即使你不作为，坏事也不会发生。你可以逃避责任，仍然能去迪士尼乐园，而且不会有任何损失。当然，人们会责怪你，但如果你充耳不闻，责怪就不会成为问题。日后在与老板和配偶相处时，这些都会"派上用场"。

倒霉的是谁？

后果可以将责任从父母转移到孩子身上。后果使问题成为孩子自己的问题。

有一次，在朋友家，我邀请他9岁的儿子和我一起去外面打篮球。

"我不能去，我得待在家里。"他说。

"为什么呢？"

"因为妈妈在打电话，而我一直在打扰她。我真倒霉。"

"我真倒霉。"这是后果给孩子的一个教训。"我的行为给我自己带来了麻烦。"但很多时候，孩子的行为并没有给他造成问题，因为他没有因此失去什么重要的东西。

相反，父母常常把问题揽在自己身上，而不是让孩子自己去面对。但请记住，孩子需要自己学会担心可能产生的问题并解决。因此，父母的角色应该是帮助孩子产生这种意愿，并由后果提供这种动力。

珍了解到，拖延是她自己的问题，而不是妈妈的问题。到了下一次，当她被告知如果在某个时间前没有完成任务就会错过某事时，她肯定会时刻关注时间。但贾森还没有意识到他的行为是他自己的问题。在他看来，这依然是妈妈的问题。妈妈承担了所有的担忧、压力和辛劳，他仍然可以顺利出游。

在育儿过程中，当你不知道该怎么做时，请牢记下面这几个问题：

1. 这是谁的问题？
2. 我能做些什么来帮助他认识到这个问题？
3. 我的哪些行为会阻碍他认识到这个问题？

定律不随着年龄和具体情况而变化

播种与收获定律教会孩子自我控制——人生中最基础的一课。他从中学会掌控自己生活的品质。无论是待在家里闷闷不乐还是出门玩耍，他都拥有选择权。如果选择完成家务，就可以享受玩耍的乐趣；如果选择逃避家务，就得为此付出代价。无论如何，你都是自己生活的主宰，而不是由父母来做决定。

当孩子还是蹒跚学步的幼儿时，我们可能会说："别碰，不然就得坐在'暂时隔离'的椅子上了。"等他稍微长大一点，我们可能会说："别骑车超过那个转角，否则你会失去这辆自行车。"到了成年期，则变成："别超速驾驶，不然你就别想开车了。"当然，如果他做出了好的选择，我们也会给予相应的奖励:"既然你没有违反规矩,你可以在那里尽情玩耍,玩多久都行。""既然你这么守规矩,又很小心,我们可以考虑让你骑得更远一些。""既然你的行驶记录这么好,我可以和你商量一下,让你开车去圣地亚哥看音乐会。"

具体情况根据孩子(以及孩子成年后)所处的环境而有所不同。如果不乱扔食物,就可以在餐桌上吃饭。如果完成了规定的任务量,就可以管理整个大区。虽然具体情况不同,但定律是始终如一的:如果我做出了好的选择,我的生活就会比不做要好。

这一定律的核心是给孩子自由,允许他做出选择,相应地,也要管理后果。当孩子负责任地行事时,要给予他赞扬并提升他的自由度。确保他知道自己为什么能获得更多的特权——因为他值得信赖。

当孩子做出坏的选择时,要对他的损失表示共情。要避免说出"我早就告诉过你"这样的话。表示共情的话语如下:

- "今天不能出去玩,真令人难过。"
- "我能理解你错过比赛的感受。我也很讨厌不能做自己想做的事。"
- "我敢打赌你一定饿了。我也很讨厌错过一顿饭。"

与下面的语句对比一下:

- "别来找我哭诉。如果你能早点完成你的工作,现在就不会一团糟了。"
- "别跟我说什么'这不公平'。你自己酿的苦果,得自己吃下去。"
- "好吧,如果你早点完成家务并且好好表现,你本来是可以和我们一起吃饭的。但也许下次你就不会这么自私,让我们所有人那么晚才吃上饭。"

孩子很可能会怨恨说出上面这些话的人。当听到这些话,他更容易怨恨让自己难受的父母,而不是改变导致自己陷入困境的行为。对做出坏选择的孩子,我们必须高度重视共情的重要性。共情能够在你和孩子之间建起一座桥梁,而不是筑起一道围栏。

平衡自由、选择权和后果

你的目标不是控制孩子,让他按照你的意愿行事。相反,你的目标是赋予他选择的自由,让他感受到做错事的痛苦,从而让他避免犯错。谁愿意整天被禁足呢?你采用这种方式,并非强迫他做什么,而是让他自己选择,让播种与收获定律在现实中发挥作用。如果他选择不负责任,他将承受由此带来的痛苦;如果他选择承担责任,他将会受益,并更愿意选择正确的道路。

小乔伊有两个互相矛盾的心愿:

1. 他希望能随心所欲地做事；
2. 他希望事情能够顺顺利利。

小乔伊的妈妈也有两个心愿：

1. 她希望小乔伊一切顺利；
2. 她希望小乔伊能做出正确的选择。

妈妈深知小乔伊需要经历什么才能成长为负责任的成年人，并且她有权决定何时给予他特权、自由、奖励和惩罚，这些都是他生活顺利不可或缺的要素。关键在于，妈妈要牢记自己的职责是确保小乔伊的两个愿望无法同时被满足。他可以在两者中选一个，但不可能两者兼得。如果他坚持按自己的方式行事，结果很可能不尽如人意。如果事情进展顺利，那往往是因为他做出了明智的选择。在这个过程中，父母是掌控"后果"的人。

没有哪个成年人能同时"获得成功"和"每天随心所欲"，孩子也是如此。

关键在于，孩子必须被赋予选择的权利。这正是自由的精髓，也是自我控制的根源。没有自由和选择权，就谈不上自我控制。因此，父母的任务是给予孩子适当的自由和选择权，并管理随之而来的后果。请记住一个真理：

$$自由 = 责任 = 后果 = 爱$$

只要上述几项能保持平衡，我们就做得很棒了。在我们的培养下，当孩子能够自由地做出选择，并且对自己行为的后果负责时，他就会成长为既懂得爱，又能基于正当理由做出正确选择的人。然而，如果其中任何一个方面导致失衡，比如，被给予的自由超过了孩子应承担的责任，孩子的性格发展就会出现问题。或者，如果孩子需要承担责任，却没有选择的自由，他就会像奴隶或机器人，出于服从和怨恨而行动，而非出于爱。再或者，如果孩子既拥有自由，也需要为某事负责，却无须为滥用自由而承担相应的后果，也会出现性格问题，最终可能会做出非常不负责任且缺乏爱的事情。

孩子享有有限度的自由，在这样的自由中做出选择，并承担选择带来的后果，这样他就会逐渐培养出爱。对成年人来说也一样，给予自由，承担责任，明确后果，并始终保持关爱之心。

不随意干涉

家长往往难以让孩子承担自己行为的后果，他们本能地想要去"解救"孩子。试问：你有多少次因为孩子前一天晚上才告诉你第二天要提交一个手工作业，而不得不熬夜帮他完成？场景通常是这样的：

"妈妈，我需要一些胶水来完成我的手工作业。"

"抱歉，宝贝，我们家没有胶水。"

"可是我必须用，明天就要交作业了。"

"你什么时候知道这个作业的？"

"两周前。"

"那你为什么到现在还没去买胶水呢?"

"我忘记了。"

"现在这么晚了,离最近的商店也要20分钟车程。你怎么能这样让我为难呢?"

"对不起,妈妈。但我真的必须完成它,不然我会得到很差的成绩的。"

"好吧,上车吧。"

(有时妈妈可能会感到沮丧和生气,但有时她可能完全不在意。)

和下面这位着眼于未来的妈妈对比一下。

"妈妈,我需要些胶水来完成手工作业。"

"抱歉,宝贝,我们家没有胶水。"

"可是我必须用,明天就要交作业了。"

"哪个老师会这么晚才布置作业,让你们根本没有时间去准备材料呢?"

"妈妈,别这样,她是在学校布置的作业。"

"什么时候?"

"两周前。"

"哦,那你有两周的时间可以准备胶水和其他材料?"

"是的,但我以为家里有。"

"哎呀，这真令人失望。我记得你上次做手工作业需要毛毡时也是这样。不过，家中没有胶水，而且我也该睡觉了。所以，我希望你能想个办法，用不需要胶水的材料来完成你的作品。晚安，宝贝，我相信你可以的。"

第二位妈妈更有远见，她考虑到今天可以给孩子上一堂性格培养课，以确保他未来能有更好的发展。她发现孩子正在形成一种性格模式。这已经不是她儿子第一次在最后一刻才准备材料了。如果这个孩子平时会提前思考、负责任地制订计划并按时完成作业，当他偶尔需要妈妈的帮助，我们是可以理解的。但第二位妈妈面对的不是这样的孩子。她看到了孩子性格中正在形成的某种对他的未来有害的模式。

- 试图在最后关头完成上司交代的任务，最终失去工作；
- 因为未能及时纳税或财务信息缺失，产生税务纠纷；
- 在人际关系中，自己不愿承担责任，总是依赖他人，最终导致关系破裂。

因此，她决定不干涉孩子，让播种与收获定律自行发挥作用。孩子选择拖延，那么他必须承担起因缺乏规划而造成的后果。这些后果给他的教训，比日后在生活中学习代价要小得多。现在他在学校里可能失去的优待，与成年后因同样的行为而遭受的损失相比，简直微不足道。

只要我们不去干涉，这条定律自然会起作用。但我们往往喜欢插手，我们总是打断这条定律的运行，阻止它让孩子吸取教训。很多时候，孩子直到成年后才学会这一点，到那时，没有人能再为他收拾烂摊子。他的不负责任或成瘾行为会对周围的人造成巨大的伤害，令人厌倦。作为父母，我们的职责是现在就对"拯救"孩子感到厌倦，而不是等到别人日后对他厌倦。停止为他们收拾烂摊子，也是治愈自己内心"厌倦感"的好方法。

要做到这一点，父母需要能放手让孩子承受痛苦。这听起来并不美好。但要收获管教的成果，就必须经历痛苦。父母往往不愿意让孩子承受播种与收获定律的后果，因为他们过度共情孩子的痛苦。但我们现在就应该让孩子承受悲伤，而不是将来。痛苦是不可避免的，但尽量还是让它发生在孩子因不负责任而失去优待的时候，而不是失去事业或婚姻的时候。

如果你发现自己很难让孩子承受后果，一定要找个人来帮助你克服来自自身的阻碍。也许你面对的是自己过去的伤痛，你自身边界的匮乏，或者儿时习得的依赖他人的模式。寻求一位优秀的心理咨询师的帮助，或者加入家长互助组织，这将帮助你以更有利于孩子的立场去行动。

践行播种与收获定律

我们可以列举出数不尽的现实后果。唯一的限制就是你的创造力。不过，我们还是可以给出以下建议：

- 以犯错导致的自然结果作为后果。例如，如果我没做好观影准备，我可能就赶不上看电影了。如果我总是在吃饭的时候迟到，我可能就吃不上这顿饭。如果我太晚才开始准备手工作业，我可能会得到一个很低的分数。如果我不做家务，我可能就会失去家里其他人都享有的权利。如果我不告诉父母我要去哪里，下次我可能就得待在家里。
- 对严重违规行为采取措施。一般来说，我们讨论的主要是针对那些可能逐渐演变成不良性格模式的情况。在某些时候，我们需要灵活地理解规则。例如，雇主会制定病假规定，学校也允许学生因正当理由缺勤。但是，如果某人为每件事情找借口，那这就不是借口，而是狡辩了。当我们发现沟通、劝说和警告都无法奏效时，就该采取措施了。
- 及时给予反馈。孩子越小，就越需要及时反馈。对于非常年幼的孩子，明确的拒绝、暂时隔离、适度拍打臀部以及将孩子从当前情境中带离等方法往往十分有效。
- 不要采取情绪后果，应该使用现实后果。愤怒、内疚和羞愧无法帮助孩子做得更好。让他感受到失去看电视、花钱或使用电脑的特权的痛苦，对他的教育效果会更好。
- 只有当涉及你的自身感受时，再使用关系后果。如果孩子的行为伤害了你或其他人，告诉他这一点，以及你打算如何消化这些感受。"你这样跟我说话让我感到很难过。我不喜欢你这样跟我说话，这让我感觉离你很远。所以，当你用无礼或不尊重的口吻跟我说话时,我不会听。我不允许自己听到这样的谈话。当你想要换一种方式交谈时,我会很乐意倾听。"

- 将后果视为保护自己和其他家庭成员免受孩子行为影响的一种方式。换句话说,你自己设置的边界就是最好的边界。你可以说:"我不喜欢和吵架的人坐在同一张桌子前吃饭,吉米,你去房间待会儿,等你能停止争吵后再回来吃饭。另外,我会在7点半收拾桌子,这之后你就没有饭吃了。夜宵只留给那些好好吃饭的人。"或者说:"我们想把书房这样的公共空间当作家庭活动的场所,我们不希望那里到处都是你的东西。如果我在睡前发现还有玩具没收好,我就会没收它们,因为我们不希望家庭活动室里乱糟糟的。如果你想拿回玩具,就得付钱。"

当我的一个朋友向女儿表达出想要结束对话或无休止提问的意愿时,她的女儿苏西总是拒绝接受。例如,当她对女儿苏西说"谈话时间结束了"时,苏西会反驳:"但我的话还没说完呢。"

朋友巧妙地回答:"我知道,苏西,没关系。但我已经不想继续听下去了。"

记住,你自己设置的边界就是最好的边界。

- 尽可能保留孩子选择的权利。即使在孩子只有一种选择的情况下，比如跟家人一起出门，也要让孩子觉得他是有选择权的。"你可以和我们一起开心地出去，也可以不开心。你想怎么选？还有，如果你和我们在一起时表现得很不愉快，那下次去看电影的时候，我们会记得这一点的。"

- 在采取措施之前，确保孩子的不良行为并无隐情。要检查是否存在恐惧、健康或情绪上的问题。孩子可能正通过他的行为来表达疼痛、受伤的情感、无力感或其他需要被理解和被关注的情绪状态。例如，当家庭中出现如离婚、婚姻关系紧张或搬家等重大变动时，孩子出现不良行为或退行行为的情况是很常见的。这种痛苦可能是因受到父母或其他孩子的伤害而导致的直接反应。孩子可能受到不同的伤害，很多时候，他的不良行为实际上是痛苦的信号，这时候孩子需要的就不仅仅是简单的管束了。请参考关于同理心的相关部分。

- 与孩子交谈并询问产生不良行为的原因，但要注意在他状态正常时进行："我想知道你为什么这么做。你是不是想告诉我什么事情？你是生我的气，还是因为什么事情而感到受伤？你觉得下次再发生同样的事情时，我们应该怎么做才好？"

合理设置奖励和后果

曾有一位母亲告诉我，她让儿子做一些像倒垃圾这样的小事时，儿子反问她："你会给我什么好处？"她问我应该给什么奖励。我告诉她，可以告诉儿子，如果他不照做，就会让他"吃苦头"。她觉得有些不可思议，我们随后就此展开了一段关于奖励与惩罚的有趣讨论。

我们认为有两件事值得给奖励：

1. 掌握新技能；

2. 表现得异常出色，超出预期。

而对于以下情况，我们则不主张给予奖励：

1. 遵守文明规范，行为举止与年龄相符（如掌握相应的生活技能）；

2. 履行应尽之责（如完成作业）。

有很多奖励方式对于学习新技能来说是非常有效的激励手段，比如表扬、零食、零用钱、去动物园游玩，或者在冰箱上贴星星等。在付出大量努力学习新东西的过程中，我们需要通过奖励来获得即时满足，并以此激励自己。孩子非常喜欢通过学习新东西而获得的奖励。

当某人的表现超出预期时，给予奖励也是很好的做法。学校、儿童组织、运动团体以及雇主都会通过这种方式来认可这种优秀表现。激励措施和各种福利在激发员工积极性方面起着重要作用。

作为文明的现代人，我们应当举止正常，行为合理。我们居住的城市，就读的学校，以及房东、雇主、朋友和配偶，都期望与他们产生关联的成年人的表现能达到一定的行为标准。一旦孩子掌握了负责任地生活所需的技能，我们就应该期望他能够自然而然地做到这些，而不需要额外的奖励。相反，如果他做不到，就应该承担相应的后果。

我们会奖励2岁就学会了上厕所的小孩，但不会因为一个成年人能继续保持这个习惯而奖励他。你按时上班，并不会因此得到奖励，因为这是你的分内之事。但如果你多次迟到，可能就会被罚款或受到某种形式的纪律处分。

要小心，别让孩子觉得只有得到奖励，才会好好表现。他需要明白，如果不好好表现，就要付出代价。这样可以避免他产生"应得"的心态，这也是如今很多人对不劳而获持有理所当然的态度的原因。孩子应该懂得，家里的每个人都需要尽自己的一份力。如果你做了超出你职责范围的事，我们可以谈谈额外的奖励，但我们对每个人都有基本的要求。在现实生活中，没有人会因为你仅仅完成了最低限度的要求就举办颁奖晚宴。但是，如果你未能达到文明社会的基本要求，就会面临很多惩罚。

和现实做朋友

成熟，意味着我们不再强求生活去满足我们的要求，而是开始主动去满足生活的要求。播种与收获定律迫使我们满足生活的要求，否则我们就会经历痛苦。当维持现状的痛苦大于改变的痛苦时，我们就会改变自己的行为。后果带来的痛苦促使我们做出改变。

现实不是我们的敌人，而是我们的朋友。按照现实的要求去做，会收获巨大的回报。成熟的人知道，适合的方法就是最好的方法。明智地生活，做出正确的选择，做正确的事，就是过上了美好的生活。

然而，在孩子心里，现实是敌人。后果会告诉孩子，现实可以成为他的朋友。做出必要的改变，满足现实的要求，生活就会变得更加美好。我们会逐渐明白，生活中的很多事情其实都掌握在我们自己手中。如果我们选择去满足现实要求，我们就会收获好处；如果我们逃避现实，现实最终会让我们付出代价，而且是很残酷的代价。

所以，为你的孩子着想，要尽早教他学会和现实做朋友。这样既经济又安全，还能让你的晚餐准时开始。

但是要做到这一点，孩子必须学会为正确的事情负责。在下一章中，我们将详细讨论"正确的事情"是什么。

第 5 章

自力更生
责任定律

当我（汤森德博士）的儿子里基和本尼还小的时候，他们像许多兄弟一样经常吵架。我的妻子巴尔比和我经常充当调解员和法官的角色。我们中的一个人会坐在餐桌旁，然后他们各自向我们诉说对方是如何可怕地对待自己的。我们尽可能地了解事实，判断对错，然后提出解决问题的建议：归还玩具，道歉或是其他。

这套裁判制度原本运行得不错，但渐渐地我发现我们在这上面花费的时间越来越多了。每当我坐下来想看报纸或者和妻子聊天时，都不得不放下手头的事情来当他们的法官。孩子们越来越依赖我们那并不完美的智慧。终于，我有了一个主意。

"我们改一下规矩吧，"我告诉他们，"从现在起，你们得先自己花时间解决问题，解决不了再来找我或妈妈。但如果你们来找我们，那么犯错的人很可能需要承担后果。"

过了一段时间，孩子们开始这么做了。他们有两个动机。

第一，犯错的孩子希望在不被父母惩罚的情况下解决问题，因此很愿意进行谈判。第二，他们为自己能解决小纠纷而不必依赖父母感到自豪。

事实上，当我看到他们在争吵时，也需要改掉自身的依赖性。我本想帮忙，于是我走过去说："好了，孩子们，你们在吵什么？"

本尼不耐烦地转向我说："爸爸，我们正在想办法解决。"

我惭愧地回到椅子上。现在他们并不需要我插手。

我的孩子们正在上一堂宝贵的边界课：他们应该对自己和自己遇到的难题负责。孩子们需要知道，这是他们自己的问题，而不是别人的。他们的生活就像他们自己的手推车，需要他们自己去拉，而不是等别人帮忙。因此，虽然孩子们应该重视人际关系，但他们不必替他人解决问题。他们需要为自己负责，也需要对他人负责。（关于这一点的更多内容，参见下文"爱与拯救"一节。）

一个人成熟的标志之一是能够为自己的生活、欲望和问题承担责任。我们如果上班迟到，不会归咎于路况。我们如果想在事业上更上一层楼，便会主动去学习。我们如果感到生气，会去处理让我们生气的事情，而不是等待他人来安抚我们的情绪。成熟的成年人会把自己视为问题的解决者，而不是总想着责怪他人或等他人来替自己解决问题。

不成熟的人在生活中往往扮演受害者的角色，总希望有人能替他们解决问题。比如，有一种类型的成瘾者被定义为让他人来替自己偿还债务的人。

孩子并非生来就会为自己承担责任。在生命的第一年里，婴儿正忙于完成与之相反的任务——学习依赖和索取。他努力从母亲那里获取爱和安慰，并学习信任。他的生命确实掌握在他人的手中，如果没有得到适当的关注，他可能会遭遇不测。然而，即使在那时，他也在学习承担起满足自己需求的责任。当感到不安时，他会通过哭泣提醒母亲；当他渴望拥抱时，他会伸出双臂；当他想被放下时，他会推开抱着他的人。即使在生命之初，我们也在学习承担自己生命中的责任。

因此，在你对孩子进行边界训练时，重点是帮助他认识到，他需要逐渐学会为自己的问题负责。原本由父母承担的责任，最终应该转交给孩子自己。

这对很多人来说是难以接受的，特别是那些在童年时期受过情感创伤的成年人。他们可能没有得到过他们需要的关爱、安全感或稳定的生活环境，或者承受了额外的愤怒、疏远或过度批评等。这些创伤需要他们自己去修复，而不是去责怪那些造成问题的人。这的确不公平。

但这就是现实，好人也会遭遇不幸。如果我们只等待公正，那就是把生活的控制权交给了那些伤害我们的人。因此，最好的方法还是从这种不公平的处境中成长起来。

在一次研讨会上，一位观众问："今天的我，有多少是自我负责的结果，又有多少是环境造就的呢？"换言之，提问者想知道父母对待他的方式对他产生了多大的影响。

为了活跃气氛，亨利和我各自在一张纸上写下了我们认为孩子和父母各自应该承担的人生责任的百分比。结果发现我们写的数字完全相同：我们认为孩子应该承担 70% 的责任，而父母则承担 30% 的责任。

当然，这些百分比并非固定不变。但它确实反映了我们的结论，那就是尽管我们都曾遭受过伤害和不公，但我们对环境的反应才是塑造我们当前性格和个性的关键因素。孩子自身的发展主要还是取决于他自己。

孩子应该在哪些方面承担责任

我们所说的孩子需要在生活中拥有的特质，可以被称为他的"宝藏"，或者极具价值的东西。这些宝藏的一部分就是品格——我们如何去爱，去工作，去奉献。我们要保护、培养和完善孩子的品格，让他在当下和未来都很好地成长。接下来，我们来看看你的孩子需要拥有哪些"宝藏"。

情绪

谢丽尔已经束手无策了。她的儿子，11 岁的内森一遇到挫折就会大发脾气。这个年龄的孩子发起脾气来真的很可怕。内森会冲她大喊大叫，跺脚，摔门，甚至还会扔东西。然而，谢丽尔心想，他需要有个地方宣泄这些积压的情绪，否则这些情绪会把他吞噬。所以她总是允许内森"发泄情绪"，或者会尽力安抚他，让他冷静下来。但内森的行为愈演愈烈。最后，一个朋友告诉她:"你正在训练他成为一个易怒的男性。"她大吃一惊,于是开始寻求建议。

在他人的帮助下,谢丽尔改变了处理内森愤怒情绪的方式。她告诉内森:"我知道有些事情会令你生气,我也理解你的沮丧。我们都会有这样的遭遇。但是你的情绪已经影响到了我和家里的其他人。所以我们决定这样做:当你生气的时候,你可以告诉我们你很生气。我们希望你能坦诚对待自己的情绪。如果你生气是因为我们,我们会坐下来一起解决问题。但是,大喊大叫、骂人、跺脚和乱扔东西都是不可以的。如果发生这种情况,你就需要去你的房间待着,不能玩手机、玩电脑或听音乐,直到你冷静下来为止。而且,每次你打扰了家人几分钟,就需要多做几分钟的家务来弥补。我希望我们能帮你更好地处理这些情绪。"

起初,内森不相信谢丽尔会这么做,但她坚持了自己的立场。有段时间,他的破坏性行为加剧了(家长们,要预料到这种情况的发生,因为孩子需要确认你们是认真的),但谢丽尔坚持让他承担后果。谢丽尔对此非常焦虑,因为担心内森会找不到宣泄情绪的途径。他会更加歇斯底里吗?他的精神会被压制或摧毁吗?

实际上,这些都没有发生。经过最初一段时间的抗议后,内森平静了下来。他的脾气变得不再那么暴躁,发脾气的次数也减少了。他开始把问题当作需要解决的事,而不是危机,并与谢丽尔一起商量对策。内森内心的变化在于,他正在学会掌控自己的情绪。他将情感视为反映内心状态的信号,并尝试恰当地应对。他会生气,但情绪不再会令他失控,他会找出愤怒的根源,并解决引发这一情绪的生活问题。内森正在学着掌控自己的一个宝藏：他的情绪。

态度

态度不同于情绪。态度是我们对人或事所持的立场或观点。例如，一个人可能对如何生活持有一定的态度。以自我为中心的态度可能是："我应该为我自己争取到生活中我想要的一切。"而更成熟的态度可能是："我越努力工作，就越可能得到生活中我想要的东西。"态度是我们一生中许多重要决策的基础，包括爱、婚姻、事业和精神追求。你的孩子需要在以下几个方面培养态度：

- 自我（优势、劣势与喜恶）；
- 家庭角色；
- 朋友；
- 学校（兴趣和义务）；
- 工作；
- 道德问题（性、毒品、帮派）。

为了形成自己的态度，孩子需要在两个方面得到帮助。首先，他需要明白态度是通过自己的思考和努力得出的，是自己做出的决定，而且别人的态度可能与他的不同。其次，我们需要帮助他认识到他的态度所造成的后果，并学会为自己的态度负责。

比如，你的孩子对家庭的态度可能是"家庭的存在是为了满足我的需求",而不是"我们是一个团队,每个人的需求都和我的一样重要"。向他展示他的态度是如何伤害他自己和其他人的,教他认识到自己在群体中的价值,以及他如何在群体中满足自己的需求。同时,你也可以通过一些具体的经历来强化你的教导,帮助他认识到这些现实。例如,你可以说:"我们知道如果你不打断你哥哥讲话,你就得等到明天才能分享你今天的生活了,我们也真的很想听听你在学校过得怎么样,但你得学会耐心等待。"这样可以帮助他培养尊重他人感受的态度。

你需要教会孩子,在遇到问题时,先审视自己是否也是造成问题的因素之一。态度往往是解决问题的关键。表 5-1 是一些例子。

表 5-1 遇到问题时的态度

情境	他人的缺点	自己的错误
学校里的一个朋友对我很刻薄。	他太可恨了。	有没有可能是我伤害了他?
我成绩很差。	老师很古怪。	我的学习习惯怎么样?
我没有拿到全额津贴。	我的父母不公平。	我没有完成哪些任务?
我哥哥揍了我一顿。	我有一个坏哥哥。	是我先激怒了他,然后又装成受害者吗?

行为

孩子通过爱、教导、榜样和经验来规范在私人和公共场合的举止。他需要明白，他要对自己的行为负责。

孩子们天生是"冲动派"，他往往直接将情绪转化为行动，缺乏思考、价值观或共情力等中介机制。他的情绪和行为是直接联系在一起的。如果这种情况持续到成年，他可能会成为瘾君子或出现性格障碍。他只是任由自己被情绪驱使，而不考虑"如果我感情用事，会有什么后果？"这个问题。以下是孩子（或没有边界感的成年人）的行为模式：

  起因：我很生气，因为你不让我再看电视。
  结果：我发牢骚，发脾气，一切都乱套了。

有边界感的孩子的行为模式：

  起因：我很生气，因为你不让我看电视。
  想法：我可以发脾气，但失去的可能就远不止看电视的机会了。最好还是选择顺从。
  结果：我会开始做作业。

你的孩子生来并不具备这种中介机制。作为父母，你可以帮助孩子构建它，即使他不愿意配合。你只需要让孩子在冲动行事时承担的后果比进行自我控制更加痛苦。许多父母低估了孩子对自己行为的控制能力（参见第 3 章中关于各年龄段的限制内容）。正常、健康的孩子拥有自己的思想和意志，可以学会对自己的行为负责。

你可以通过确认、教导和体验来为孩子建立这种中介机制。确认,即让他知道他的感受是真实且真诚的,无论这些感受是否符合现实。教导,即告诉他,让愤怒或欲望直接转化为行动是不恰当的。你要教给他处理感受的方法,比如倾诉或找到替代方案来满足需求(例如,尊重他人比苛待他人能获得更多特权)。体验,是指如果他仍然做出不恰当的行为,就让他承担后果,而当他更能对自己的行为负责时,就表扬他。

例如,在一个家庭中,有姐妹俩遇到了问题。比较健谈的泰勒总是打断较为安静的希瑟的话。父母坐下来对泰勒说:"泰勒,我们知道你有很多话要告诉我们,这让你很兴奋(确认)。但是,你总是打断希瑟说话,这对她很不礼貌,也会伤害她的感情。我们希望你在希瑟说完之后再发表你的想法。如果你做不到,我们就给希瑟双倍的说话时间,直到你能够控制自己。我们希望这样能让你更有自制力,否则,这个习惯可能会让人们讨厌你(教导)。"

泰勒听了父母的话,但受到孩子天性的驱使,她仍旧试图挑战规则。她的父母坚持了下来,一连两个晚上,泰勒都因为插话,失去了向父母分享她在学校经历的机会,她感到十分难过(体验)。随后,泰勒的母亲向我讲了一件有趣的事情。

"第三个晚上,"她说,"希瑟正在说话,我看到泰勒的表情变得活跃起来,因为她刚刚想到了一件重要的事情要告诉我们。她深吸一口气,张开了嘴。希瑟甚至中止了讲话。然后,在一片寂静中，泰勒的表情变了。事实上，我们可以看出她回忆起了前两个晚上失去发言机会的事。她看着我们大家，笑了笑，说：'希瑟，你刚才在说什么？'我们大笑着，差点从椅子上摔下来。"

　　太棒了！泰勒已经开始培养出自我控制能力了——这是成熟的重要标志。自我控制将人类与动物区分开来，并帮助孩子为自己的行为负责。他不再受情绪驱使，能够表达、反思、象征化或延迟满足。孩子可以学到，他并不总能控制自己的情绪，但他可以控制自己的行为。

孩子需要理解和区分什么

"这真难"与"我不行"

　　孩子要学会为自己承担责任，还需要理解"做不到"与"不喜欢"是不同的。孩子往往把这两者视为一体，认为自己做不到不喜欢的事情。那么，既然他无法做到自己不喜欢的事情，就需要别人来做。这个"别人"就是毫无底线的父母。

　　认为自己做不到不喜欢的事情，这会阻碍孩子认识到他的生活和问题是自己的责任，而不是他人的责任。他会因为事情太难而放弃，或者说服别人替他做，或者寻找捷径，比如考试作弊。

　　一切都是从小事开始的。最近，我和5岁的本尼就遇到了这样的情况。他在晚餐时打翻了果汁杯，并在我的帮助下很好地清理了现场。当他终于收拾完后，他自动地把湿漉漉的纸巾递给我，让我扔进垃圾桶。我也自然而然地伸出手来接纸巾。但就在这时，我停了下来。我想，这可能是因为我正在写这本书的缘故。

我说："本尼，我们在做什么？你可以站起来，自己把纸巾扔进垃圾桶。"本尼对此并无异议。他没有生气，也没有抗议。他只是站起来，把纸巾扔进了垃圾桶，然后我们继续吃晚餐。我想，这对我们两个人来说都是一种全新的体验。

一直以来，本尼和我都有一种默契，他把东西递给我，然后我替他处理掉。每当这时，我根本想不到他四肢健全，能够准确地把垃圾扔进垃圾桶。他并不无助，也不需要成年人施以援手。关键在于，这并不是本尼的错，而是我的错。

孩子会抓住每一个机会来逃避责任，直到我们把承担责任变成一种理所应当的生活方式。正如我们在本书中反复提及的，你不能仅仅教给孩子边界感。言语上的教导永远不够。你要以身作则。你要成为孩子的边界。换句话说，你的任务就是要围绕责任和现实来构建孩子的生活。这是培养孩子责任感的方式。

成长的重要内容之一就是学习我们需要为什么负责，以及我们需要从他人那里得到什么帮助。每个人不仅要承担自身的负担，也要分担彼此的重担。乍一听，这似乎意味着我们要解决自己的问题和其他所有人的问题！对一些人来说，生活似乎就是这样的。但事实并非如此。正如我们在《过犹不及》一书中所说的，我们应该分担的"重担"（burden）是生活中的"巨石"，如经济、医疗或情感危机。而我们需要自己承担的"负担"

（load）则是"背包"，即工作、学业，以及履行对朋友、家庭和社会的职责等正常责任。

孩子常常把自己的背包当作巨石，希望我们替他解决问题。我们需要打消他的这种念头，并在他心中建立这样一种观念：虽然他可以在自己做不到的事情上寻求帮助（如交通出行、赚钱的机会、应对危机等），但他也应该自己做好很多事情（如成绩、举止、任务等）。

这就是责任的另一面。当然，对于一些事情和问题，孩子确实需要帮助。生活是艰难的，任何人都无法独自完成所有的事情。事实上，那些试图独自解决所有问题的人，容易引发情绪问题，不利于健康。我们都需要他人的支持、爱、建议和智慧来指引我们的生活。

你的孩子需要知道，当他处于危机之中，感到不知所措或有无法独自解决的问题时，是可以向他人寻求帮助的。你需要营造一个安全的家庭环境，让他回家后能够对你说出"我数学不及格，因为我不理解课程内容""我被逮捕了"，或者"我怀孕了"。在这些情况下，家人需要支持孩子，帮助他解决问题。

但即使在危机中，孩子也必须学会承担责任。他仍然有任务需要完成。以下是他的职责：

- 诚实、谦逊地意识到自己遇到了问题，而不是自满或否认问题的存在；
- 主动向他人寻求帮助，而不是逃避或希望问题自行消失；

- 选择向可信赖、有品德的人寻求帮助；
- 为解决问题尽自己的一份力量；
- 珍惜并感激他人提供的帮助；
- 从经验中学习，避免重蹈覆辙。

生活中的无奈之处在于，即使我们帮不了自己，我们仍有任务要完成。如果你遭遇了车祸，虽然你是受害者，但你仍然需要一瘸一拐地到理疗师那里做康复训练。如果你最好的朋友搬走了，即便这并不是你的错，你也需要找到其他品性优良、值得托付真心的好友。在生活中，鲜有那些无须孩子承担任何责任的"巨石"。

爱与拯救

我上八年级的时候，我们的科学老师索撒尔夫人因病请假，由一位新老师代课。这位代课老师经验不足，而且性格软弱，班上一个比较受欢迎的男生比尔给了这位代课老师很大的压力。有一次，当代课老师转过身去时，他辱骂了老师，然后老师哭着离开了教室。

第二天，索撒尔夫人回来后，非常生气。她想知道是谁骂了代课老师。虽然我们都知道是比尔，但没有人愿意主动说出来。于是，索撒尔夫人走到我们中间，逐一询问我们是否知道是谁骂了代课老师。我们无法回避这个问题，只能选择说谎或是说实话。有 30 个孩子，包括我，都看着索撒尔夫人的眼睛，撒了谎。

只有一个名叫杰伊的男孩说:"是比尔干的。"比尔因杰伊的证词而被"定罪"并"判刑"。比尔对杰伊的愤怒久久不能平息。他和他的朋友们孤立了杰伊,杰伊因为自己的行为承受了社交上的痛苦。

多年后,我问杰伊为什么要这样做。杰伊并不是老师的宠儿,也不是为了得到什么好处。他只是不认同比尔。"比尔是我的朋友,"杰伊说,"但我认为对的就是对的,错的就是错的。而且我认为,替他说谎并不能帮到他。"我很佩服杰伊的坚定。他冒着惹怒朋友和被朋友疏远的风险,没有选择包庇比尔。杰伊区分了"帮助"和"拯救"。

在孩子学习责任感的过程中,区分帮助和拯救至关重要。他要为自己负责,也要对他人负责。他要关心家人和朋友,并竭尽全力帮助他们。但责任感要求他不能让对方免于为自己的行为承担后果。

需要再次强调的是,孩子往往难以自然而然地理解这一点。他在以自我为中心和关心朋友的两极之间摇摆不定。他不清楚"为自己负责"和"对朋友负责"之间的区别。尤其是在友情中,孩子常常把关心和保护混为一谈。(例如,一个孩子可能会要求他的朋友即使在他做错事时也支持他。)

这种困惑是成长的一部分。也就是说,随着孩子成长并逐渐脱离家庭生活,他正在构建其他社交体系和结构,为离家做好准备。特别是在青春期后期,他的生活重心逐渐从家庭内部转移到外部世界。在这个过程中,他倾向与朋友建立"联盟",并与父母"对立"。他觉得父母不理解他们的感受、困扰、兴趣爱好，甚至是音乐品位。因此，他会与志同道合的朋友组成紧密的小圈子，一起度过许多时光，分享彼此的想法、感受和秘密。

这对孩子来说是好事。作为父母，你需要在合理的限度内允许孩子拥有自己的生活和朋友，但同时，你的孩子也需要明白，责任定律不仅适用于家人，也适用于朋友。孩子替吸毒或考试作弊的朋友保密时，需要承受巨大的社会压力。同样，他需要学会对朋友的不合理要求说"不"，比如被要求为朋友解决问题、照顾他的感受或让他开心。

孩子不会从书本中学到这些，他是在家庭生活中学习爱和拯救的。当孩子看到，他并不需要为妈妈、爸爸和兄弟姐妹扮演父母的角色时，他就会明白，他可以在不为他人承担责任的情况下爱他们。他可以自由地与人交往，在保有同理心的同时，也有权拒绝那些对自己不利或本应由他人承担的事情。当他摔倒擦破膝盖时，让他自己爬起来贴上创可贴，你不要立刻冲过去安抚他。让他明白，即使度过了糟糕的一天，他也能照顾好自己。

当你在帮助孩子区分爱和拯救的同时，他也会学会如何识别出那些不需要他人来替他们承担问题的孩子：具有良好品格的孩子，你的孩子可以毫不畏惧地拒绝他们，不用担心会破坏彼此之间的友谊。

孩子愿意拯救他人的一个重要原因是，他觉得这是留住朋友的唯一方式。帮助你的孩子选择比这种朋友更好的朋友。我总是透过厨房窗户看到我的孩子在后院和朋友玩耍，当看到他和朋友意见不合时,我总是暗自庆幸,他选择的大多数朋友在有人提出不同意见时并不会惊慌失措。我们的孩子需要结交这样的朋友,并与之保持一生的友谊。

我们很容易陷入让孩子拯救他人,并对责任感到困惑的境地。例如,孤独的父母可能会把孩子当作知己,心想:我女儿和我成为最好的朋友不是很好吗?我可以向她倾诉我所有的烦恼,她也可以向我倾诉她的。然而,实际上,孩子会学会像父母一样去照顾父母,甚至会将这种关系模式应用于所有的人际关系中。我们见过数百对相互依赖的夫妻,即"给予者"与"索取者"的结合。在很多情况下,"给予者"在童年时期都经历过以下情况之一:

- 拥有孤独、需要关爱的父母;
- 拥有自制力差、需要依赖他人帮助的父母;
- 拥有将孩子的需求与自己的需求混淆的父母。

孩子绝非我们养老、社交或医疗等生活保障方面的依赖对象。他是为了自己而存在的。向孩子坦诚自己的弱点和失败,这是一件好事,这样他就能明白成年人也并非完美。然而,期望孩子来满足你的需求就又是另一回事了。不要让你的孩子承受你的痛苦。例如,不要指望你的孩子来安抚你的痛苦或成为你最好的朋友,你要去寻找其他成年人来满足这些需求。在成长过程中,你的孩子已经有足够多的任务要完成了。同时,帮助孩子在关心家人、满足朋友的真正需求和不拯救他人之间找到平衡。学会爱，始于拥有同理心，然后要明确我们尊重和关心他人的责任。

一个如此弱小的孩子怎么会对成年人有如此大的影响力？如果你曾经在超市里见过一位母亲被失控的孩子弄得束手无策，那你就已经目睹了这个困境。下一条边界定律正是为了解决这一问题：帮助你的孩子认识到他真正拥有的力量，并放弃他不应拥有的力量。

第 6 章

我无法完全做到,但我也并非无助
力量定律

7岁那年,我(汤森德博士)开始读《汤姆·索亚历险记》。我知道,是时候离家出走了。我厌倦了父母和兄弟姐妹,我知道,没有他们我也能过得很好。于是,在一个周六的下午,我找了一根棍子和一条红手帕,把我的基本生存工具——花生酱三明治、手电筒、指南针、一个球和两个绿色的塑料士兵玩具——都包在了手帕里。

下午,我离开了家,沿着街道走过了几个街区,来到了树林。我毅然决然地踏上了从未有人走过的路。小路很快就到了尽头,周围的灌木丛也越来越茂密。我啃了几口三明治,天色渐渐暗了下来。我开始听到各种声音。我想,是时候回家了。

我记得,在回家的路上,我边走边想:这真是太糟糕了,我并不想回家,也没人逼我回去。但我必须回家。就在那一刻,我渴望变得强大和独立,却又不得不面对自己的无能为力。

孩子的力量

大多数孩子在某个时间段都有过这样的经历：他觉得自己已经长大成人，强大无比，无所不能。于是，他变得过于自信，自命不凡。然后，即使父母不加以干涉，孩子也很快会意识到，自己并没有想象中那么强大。这时，他就需要对生活做出一些调整，并从经验中成长。如果他学会适应现实，这就是心理健康的体现；相反地，如果他要求现实去适应他，可能会引发精神疾病。

为了培养恰当的边界感，孩子需要拥有力量或者控制力。这种力量可以体现在各个方面，从拼好拼图到在独奏会上跳舞，从解决冲突到建立一段深厚的友谊。孩子在现实世界中的生存和发展，取决于他对以下几点恰当且基于现实的评估：

- 他能够掌控和不能掌控的事情；
- 他对自己能控制的事情的掌控程度；
- 他如何适应那些无法掌控的事情。

比如，我对于自己必须回家的需求感到无能为力。我不得不接受自己还是个小男孩的事实，以此来适应这种无力感。但是，我可以控制自己的感受。我讨厌自己需要依赖家人的感觉，但至少在这一点上，我还有那么一点点掌控力！

为了观察孩子与自身力量之间的这种矛盾，我们可以想一想婴儿和他的父母。婴儿刚从母体中诞生时,是完全无助的。事实上,人类婴儿的无助期比任何动物幼崽都要长得多。但与此同时,他又对父母有着巨大的影响力。父母会为了他调整工作安排、家庭生活节奏和睡眠习惯。他们会小心翼翼地抱着他,担心他受到细菌感染,在他的卧室里安装监视器,确保他一切正常。在一段时间内,他就是父母生活中的核心。然而,如果你问这个婴儿,他并不会说:"我在掌控这个家。"相反,他可能会时而因为恐惧、无助和愤怒而感到不安,时而又因为安全、温暖和爱而感到满足。他可能会告诉你:"我一点力量都没有,也控制不了什么。"

在这种无力状态下,孩子无法掌控自己,因此父母可以给予他力量,为他做出牺牲,直到他长大成人,拥有足够的力量。

力量、无力感和边界感

学会正确使用力量有助于孩子建立自己的边界。成熟的人知道自己能掌控什么,不能掌控什么。他会将精力投注在自己能够掌控的事情上,并放下那些无法掌控的事情。你的孩子需要了解自己能掌控的事情,以及不能掌控的事情,并学会分辨这两者的区别。

孩子对力量的理解往往脱离现实。他可能梦想自己能一跃而起,跨越高楼大厦;他可能兴高采烈地冲向大海,相信自己能够驯服海浪;他还可能满心期待你和他的朋友看待生活的方式能够和他一样。

这里存在的第一个问题是：孩子总是试图控制不属于他的事物，但他无法为不属于他的东西设定边界。因此，当他尝试这么做时，真正的主人最终会拆除他的围栏。这就是孩子欺凌朋友的原因，如果朋友是正常人，那么他们就会表示抗议或离开。因此，那个自以为无所不能的孩子就会陷入一个无尽的循环，要么徒劳地尝试控制他无法控制的事物，要么找到软弱的人来继续维持这种错觉。在成人世界中，一个典型的例子就是控制欲强的丈夫和顺从的妻子。丈夫认为自己能掌控妻子的生活，而妻子则通过迎合他、不戳破他的无力来维持这种错觉。一个从未正视过自己的力量局限性的孩子，长大后可能会成为控制欲强的丈夫。

孩子面临的第二个问题是：在试图控制那些无法控制的事物时，他否定了自己对可控事物的掌控能力。他太过专注于前者，以至于忽略了后者。用上面的例子来说，一个一心想要"让"朋友按他的意愿行事的孩子，会忽视以下这些方面：控制自己，学习接受他人的选择，适应他人的行为，以及放弃一些欲望，等等。我们拥有的力量，并非用于满足私欲，而是要做正确和有益的事情。

孩子能做什么，不能做什么

父母对他们与孩子之间的权力斗争记忆深刻。在生活中的各个方面，如家务、穿衣风格、特权、限制以及交友等，孩子都主张他是全能的。你的任务是帮助孩子分辨哪些是他能够控制的，哪些是不能控制的，以及划定权力的范围。同时，也要记住，你可能不会遇到愿意乖乖听话的"学生"。就像成年人一样，孩子也不喜欢被提醒自己的局限性，甚至可能想要"报复"那个提醒他的人。因此，在履行作为家长的职责时，你要有足够坚硬的"外壳"。

控制自己的力量

首先，孩子需要明白自己能够做什么以及做不了什么。表6-1列出了其中的一些重要方面。

表6-1 明确自己的力量

我没有力量做……	我有力量做……
在脱离他人帮助的情况下生存	选择我所依赖的人
做我想做的任何事	做我能够做的事
避免承担后果	调整方法以便尽可能减少不良结果
避免经受失败	接受失败，并从中得到学习和提升

拒绝依赖

孩子不喜欢被人提醒他需要其他人的帮助。他想要自己做决定，解决自己的问题，永远不需要寻求帮助或支持。他对独立的渴望如此强烈，以至于认为在让父母知道发生了什么事情之前，他往往会陷入大麻烦。

我们经常混淆功能性依赖和关系性依赖。功能性依赖是指孩子抗拒完成生活中本该由自己承担的任务和职责，他希望由别人来做这些事情。比如，青少年向父母要钱，而不是自己去找兼职。父母不要助长这种功能性依赖。让青少年感受到经济压力有助于促使他主动去找工作。

关系性依赖是指我们与他人建立联结的需要。关系性依赖是我们生命得以维持的源泉。关系性依赖驱使我们向彼此敞开心扉，展现出脆弱和需要关怀的一面。当我们处于这种状态时，若能得到他人的爱，我们的内心就会感到充实。孩子有很多需求，因此他们特别容易形成这种关系性依赖。随着时间的推移，当他内化了重要的养育关系后，他就会减少依赖；他从父母和其他人那里内化的爱会成为他内心的支撑。然而，直到生命的最后一刻，我们都需要与那些情感健康、关心我们的人保持稳定而深刻的联系。

你需要鼓励和促进孩子建立关系性依赖。告诉他，成熟、健康的人是需要他人的，这样他就不会孤立自己。你的孩子也可能会混淆这两种依赖，认为如果他寻求安慰和理解，就会表现得像个宝宝。你要帮助他明白，需要爱并不是不成熟的表现，相反，它能给我们提供面对挑战、克服困难所需的能量。

有时，你发现你的孩子正面临问题，但他可能会因为"全能感"而孤立自己。这就是"你今天过得怎么样？""还好"的经典对话模式。你要直面他对你的拒绝态度。告诉他，你并不是想要训诫他，你只是想知道他的感受。不要助长他那种不需要别人的错觉。

这时，你可以这样提供帮助：等孩子请你帮忙时再伸出援手。孩子摔倒时，如果你在孩子向你求助之前就急忙冲过去扶，他很容易误以为"我很强大，并不需要妈妈"，因为他无须承担求助的责任就能得到帮助。让他主动选择去求助。看着孩子拼尽全力，而你在一旁观察和等待，这确实很难。这对任何体贴的家长来说都是一种煎熬。但只有这样，孩子才能认识到自己对支持和爱的需求，以及他并非无所不能，无法在没有支持和爱的情况下生活。

当孩子在学习如何向他人表达需要时，要帮他避免在人际关系中感到无助。鼓励他向亲近的人表达自己的愿望、需求和意见，这在你与孩子的关系中尤为重要。他并没有主动选择成为你的家人，生养他是你的决定。然而，他可以选择如何与你相处。例如，在何时需要亲近你、何时需要与你保持距离等问题上，允许他有一定的自主权。当他明显需要更多独处空间时，不要过度干涉和过度亲昵。但当他需要更多亲密感时，也不要弃他于不顾。还有一个例子是，鼓励他分享对家庭活动的反馈。他有发言权并且很重要，即使他没有最终决定权。

全能幻想

孩子认为自己有能力去做他决心要做的任何事情。他对自己的掌控力不设限。他有一种全能幻想，觉得自己的时间和精力是无限的。孩子不会考虑时间限制，也不会权衡利弊。例如，一个孩子可能会为周六制订如下活动计划：

上午 9:00	足球比赛	下午 1:00	滑冰
上午 10:30	看电影	下午 3:00	聚会
中午	吃热狗	下午 5:00	看另一部电影

在这时，孩子需要你的帮助。孩子很容易对自己期望过高，以为能主宰自己的精力、时间与活动安排。他因为过度承诺而导致涉猎广泛却浅尝辄止，从而出现边界问题。

我有个朋友在小时候就是这样。现在，作为妻子和母亲，她还是试图像拉手风琴一样"拉长"自己的时间。她总想着能在送孩子上学后，再去购物，和朋友喝杯咖啡，然后在午饭前把家里打扫干净。然而，结果往往是她把自己弄得手忙脚乱、心烦意乱，还总是迟到。现在，她正在努力克服自己对想要做的事情拥有绝对掌控力的错觉。

在特定的年龄和成熟度范围内，你可以通过制定一个系统来帮助孩子设定时间和精力的界线，一旦他想做得过多，这个系统就会崩溃。比如，你可以试着让他规划超过你预期的活动，但要求他把以下要求考虑进去：

● 与自己能力匹配的合理的学业任务；
● 每周至少要有四个晚上与家人共度；
● 按时熄灯并上床睡觉；

- 不会感到疲劳或有压力。

给孩子足够的空间，让他自己决定自己的人生道路，而不是由你来安排。在我上高中的时候，由于学业、社交和体育活动安排得过于紧凑，我开始显现出压力和疲劳的迹象。一天晚上，父母让我坐下，告诉我，他们认为我可能得了传染性单核细胞增多症。当时我完全没意识到自己生病了，而且我一直很感激他们给了我充分的自由去体验那种对时间和精力并非无所不能的感觉。

逃避后果

你的小天使天生就带着点"小恶魔"的特质。他觉得自己神通广大，能够逃脱不良行为带来的后果。孩子为了逃避惩罚，常常会耍手段、说谎、找借口，甚至歪曲事实。

孩子需要学会通过控制自己的行为来防止不良后果的发生。当他认为自己可以逃避惩罚时，就不再专注于自我约束，而是想方设法逃避责任。这样做的结果不是性格变得成熟，而是性格变得扭曲。

在家庭中营造诚实的日常氛围，对不诚实的行为设定严格的限制。不论违反规则的惩罚是什么，都要对欺骗行为设置更严厉的惩罚。不论服从的奖励是什么，都要对诚实行为给予更丰厚的奖励。当孩子勇于承认错误时，不妨为他小小庆祝一下。他需要切身体会到，生活在欺骗的阴霾下，远比在坦白后面对现实要痛苦得多。这有助于打破他以为自己可以免于自食其果的幻想。

我了解到的一个家庭有这样一条规矩：如果是自己先坦白，会受到一定的惩罚；但如果是别人先揭发，惩罚就会更重。虽然这种做法有导致告密揭发泛滥的弊端，但它确实与多数国家现行的法律制度相吻合，即自首会受到更宽大的处理。

回避失败

孩子天生就是完美主义者，他往往认为自己有能力避免犯错或失败。你的孩子需要学会为不完美感到遗憾，接受自己的失败，从中吸取教训，然后成长。成长别无选择。你要么否认错误，但继续重复犯错；要么承认错误，努力改正。

要纠正孩子认为可以逃避失败的想法，让失败成为他的朋友。不妨跟他聊聊你在工作中或者在家做过的傻事。当家人指出你又做了一件蠢事时，别急着辩解。要当心，别让孩子觉得你更喜欢他完美无缺、表现出色的样子，而不喜欢他那些平凡、踉跄跌倒的时刻。当你和朋友聊起他时，不妨把他勇于承认失败这一品质连同他的其他成就一起来称赞。这些信息往往会传回孩子耳中。

控制他人的力量

当你帮助孩子放弃那种认为自己能够完美自控、不会失败的幻想时，你也需要帮他摒弃能够掌控他人的幻想。还记得那个既无力又强大的婴儿形象吗？孩子的人生就是这样开始的，并且会一直持续下去，除非你进行干预。孩子的成长目标是放弃认为自己能够控制他人的想法，转而专注于自我控制。

婴儿大部分时间都离不开父母，几乎需要父母对他有求必应，否则他就无法生存。但随着年龄的增长，他对他人逐渐建立起足够的基本信任，对自己解决问题的能力也有了足够的信心，因此不再那么迫切地想要控制爸爸妈妈。尽管如此，孩子仍然坚持认为自己可以让他人按照他的意愿行事。他需要爱，需要被鼓励着去承担责任，也需要对他的全能感设立边界。而你就是负责实现这些的那个人。

里基上幼儿园的时候，有一个非常要好的朋友叫戴维。他们整天形影不离。有一天晚上吃饭时，里基伤心地告诉我，戴维有了新朋友安迪。戴维和安迪现在总是在一起玩，不再找他了。里基觉得自己被冷落了，感到很孤独。我和他一起想办法解决问题。

"你为什么不和戴维谈谈你的感受呢？"我建议道。

"我可以这么做。"

"那你觉得你应该跟他说些什么呢？"

"我会说：'你必须喜欢我。'"

孩子就是这样想的。无论是出于恐惧还是想要成为主宰者，孩子总觉得自己能控制家人和朋友。表 6-2 是一些孩子试图控制他人时可能会说的话，以及你可以给出的回应。

表 6-2　如何帮助孩子放弃控制他人

试图控制他人	你的回应
如果我哭闹得够久，我就能得到那个玩具。	如果你只问我一次，我会考虑一下。但如果你一直哭闹，那我会直接拒绝。
我可以随意摆布我的朋友。	他们现在好像都躲着你。我们先别急着邀请别人了，等我教会你如何与人相处，一起解决这个问题后再说。
如果我有礼貌又乐于助人，我就不用因为上次违反宵禁的事而受到惩罚了。	我很高兴你有一个好态度，但你必须接受相应的惩罚。
我可以无视你让我打扫家庭娱乐室的要求。	我只说一遍，你有 15 分钟的时间。时间一到，你就会错过和朋友一起玩的机会。
我可以靠吼叫和发怒来恐吓你。	你的愤怒确实让我很烦恼，这是个大问题。所以在你能表现得体、态度尊重地跟我说话之前，所有特权都将被取消。
我的怨恨可以摧毁你。	你可以让我难受，伤害我的感情。但你的怨恨既伤害不了我，也不会让我离开。

通过这种方式，你可以帮助孩子放弃控制你和其他人的愿望。就像育儿中的其他问题一样，当你第一次给出这些回应时，

孩子可能不相信你，类似的情况还会再次发生。当孩子第二次或第三次尝试反抗你的限制时，他的态度可能会从不相信转为愤怒。请你一定要坚持下去！等孩子意识到你的边界是真实存在的之后，你们就可以更冷静地讨论发生的事情了。

这么做如果起作用了，孩子可能会因为无法主宰自己的人际关系而开始感到悲伤。悲伤对他是有益的，因为这能让他放弃不切实际的愿望。然而，你要帮助他认识到，虽然他不能控制他人，但他也不是无助的。孩子需要学会影响他人，让他人重视他认为重要的事情。控制和影响是截然不同的。控制会剥夺他人的自由，而影响则需尊重他人的自由。你要告诉他："如果你对我做的某个决定有异议，只要你以尊重的态度提出意见和建议，我都很欢迎。我会以开放的心态去倾听，但前提是，你在我考虑了你的意见后，仍愿意接受我的决定。你必须通过自己的行为来争取他人的倾听。"

受伤的父母

你的孩子如果把愤怒或自私发泄在你身上，那可能很伤人。因为你们关系紧密，他很容易让你感到难受。但是，不要因此就试图利用这一点来操纵孩子照顾你的感受。举个例子，有些父母会说："如果你大喊大叫，妈妈就会伤心，你需要让她开心。"这样的话只会加剧孩子的全能感，并带来其他问题，比如：

- 强行让孩子扮演父母的角色；
- 给孩子带来不必要的内疚感；

- 让孩子开始轻视父母的脆弱；
- 让问题的焦点变成父母的感受，而不是孩子造成的后果。

同时，孩子也需要明白，他的行为确实伤害了你，而你并不喜欢这样。这能培养出孩子的同理心和责任感。我们需要知道，我们可能会伤害我们所珍视的人，当这种伤害继续下去，我们将难以建立和维持良好的关系。这能引导孩子意识到自己有影响他人的能力，并承担起相应的责任。

力量发展原则

当你与孩子一起努力，让他学会对属于自己的东西承担起责任，并尊重属于他人的东西时，需要谨记一些基本概念，这些概念总结如图6-1：

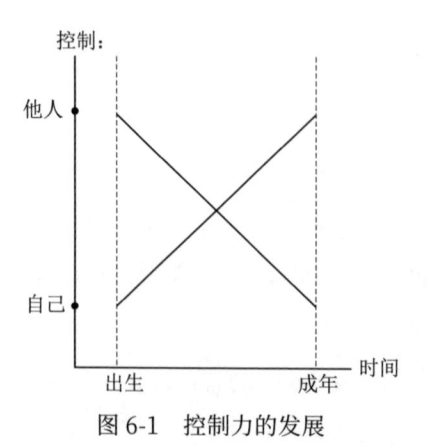

图6-1 控制力的发展

当孩子刚刚来到这个世界时，几乎无法控制自己。为了弥补这一点，他会竭尽全力去控制父母。你的任务是逐渐增强他对自我的掌控力，并减少他试图控制你和他人的行为。

一直保持联结

你的任务是帮助孩子摆脱全能感，帮助他真正掌控属于自己的东西。但在他看来，你是在剥夺他所需要的东西。为了让他能够接受这个过程，你需要一直在情感上陪伴他。要共情他对无能为力的恐惧、无法左右朋友的反应的失落，以及对失败的担忧。当他试图控制你的行为时，你的同理心尤为重要。你需要告诉他："在这个过程中，我可能会生气或受伤，但我不会离开。无论如何，我都会在你身边，即使我不同意你的观点，也不得不为你设立边界。现在，让我们开始解决这个问题吧。"

别当全能父母

你要通过接受自己的局限，来帮助孩子接受他能力的局限。你既要承认自己的失败、弱点和局限，也要认清自己所拥有的力量。在这样做的过程中，尽量给孩子最大的自由，并尽可能减少对他的控制。在紧急情况下，对年纪很小的孩子说"我会阻止你的"有时是必要的。然而，更好的表达方式是："我无法阻止你，但我可以告诉你，如果你不停下来，会有什么后果。"不要只是发出空洞的威胁，要接着兑现你所警示的后果，这才是你真正的力量所在。你不能强迫孩子表现得好，但你可以设计选项和后果,帮助孩子做出正确的决定。

成为能自由选择的父母

父母要做到"不为孩子所控",做选择时不应受到孩子反应的支配。你重视他的感受和愿望,因为你爱他。但你是主导者,要做出你认为最好的选择。

我见过一些家长在孩子大哭大闹时,对自己的决定犹豫不决。他们的行为不是基于价值观,而是基于冲突管理。这会让孩子觉得他们对父母有很大的影响力。而事实也确实如此。

你如果对于孩子的请求感到不确定,那就拒绝。如果你不能真心实意地说"可以",那你可能只是勉强或被迫答应。另外,请记住,那些先说"不"后来又改变主意的家长是"英雄",而那些先说"可以"后来又反悔的家长则是"叛徒"。

成为能够自由选择的父母,也意味着不要对孩子的操控手段做出反应。如果你希望孩子按你的要求行事,就等于赋予了孩子对你的控制权。例如,孩子知道使用某些语气叫父母,要么会让父母大发雷霆,要么会让父母心生暖意、变得慷慨。很多父亲原本下定决心不溺爱女儿,但女儿一施展她那套小女孩的撒娇本领,再加上口头上"好爸爸"的甜蜜攻势,他们的意志就立刻瓦解了。关键是不要从孩子身上寻求任何回馈,比如感激、支持、尊重或理解。你应该要求孩子遵守一定的行为规范,但这并不是因为你需要,而是因为孩子需要。从生活中的其他人那里满足你的需求,让孩子在你面前能够完全做自己。这样,你们才能在携手合作中磨平他的棱角。

努力给予孩子自我管理的力量

请记住，育儿是一项有时限的工作。在孩子成长的过程中，你被赋予了监护权利。但是，随着孩子逐渐长大，越来越有能力承担责任，你就应该把他生活的掌控权交还给他。"我永远是你爸爸/妈妈"这句话从某种意义上说固然是正确的，但从另一种意义上则不然——作为父母，你永远拥有那份血脉联系，但你不会永远承担那份监护的责任。你的目标是联结两个成年人之间的情感，而不是永久保持一种居高临下的地位。

这里的诀窍在于，要知道你能让孩子处理哪些超出他舒适区但又不超出他成熟度的事情。要让他得到锻炼，但不要让他受到伤害。我还记得大学一年级刚开学的时候，我给父母打了一通电话。

"我该选哪些课？"我焦虑地问道。

"你高中时成绩怎么样？"父亲问道。

"还不错。"

"既然你足够聪明能上大学，那我打赌你也能自己决定选什么课。"

我花了一个学期选了些毫无价值的课，还拿到了不太好的成绩，然后才学会了如何挑选适合自己的课程。但我确实学到了东西，也开始享受大学生活，因为我对自己的决定负起了责任。多亏了那些挫折，爸爸，谢谢你！

限制全能感,但鼓励自主性

孩子需要明白,他不能随心所欲地做任何事。然而,这并不意味着他必须成为你或其他人的奴隶。他需要培养自主意识,对自己的决定拥有自由选择权。别剥夺了孩子所拥有的权利。他需要所有他能够获得的真正权利。例如,3岁的孩子可以在一定的预算和安全范围内,在玩具店选择自己喜欢的玩具。青少年则应该有权在一定范围内选择朋友、衣服和音乐。你是孩子学习区分全能与自主的试验场。他会在你面前尝试这两种极端选择,而你的任务是帮助他培养健康的自控力。

尽可能让孩子参与和他有关的决策。跟他聊学业、财务和问题时,要注意别越过亲子之间的界线(别把他当成倾诉问题的同龄人或密友)。要征求他的意见,尤其是在关于尊重你设立的边界以及与他相关的后果方面。倾听他的心声,如果他言之有理,就根据他的意见调整你的结论。这样做并不会削弱你的权威,反而能让他感觉自己不那么像个孩子。

有时候,让孩子自己设定后果也是一种很好的学习体验。很多时候,孩子对自己的要求比你对他的要求还要严格!但是,如果你的孩子对自己的态度更偏向于宽容而非严格,那你要保留最终裁定权!

结论

力量,既能治愈也能伤害你的孩子。他需要源自现实的自我控制的力量，并且需要摒弃对自我和人际关系的绝对掌控欲。孩子对于真正力量的现实认知，将为他尊重、设定和维护边界打下坚实基础。帮助他以力量、爱与自律的精神来培育自己的"宝藏"。

那么，当孩子滥用力量，侵犯他人的边界时，父母应该如何应对呢？我们在下一章探讨尊重定律时，将详细阐述这一问题。

第 7 章

我不是唯一重要的人

尊重定律

还记得你把蹒跚学步的孩子托付给临时保姆的情境吗?你的孩子有多少次这样回应你:"嗯,爸爸妈妈,我看得出你们确实需要一些独处的时间去放松放松。我一直希望你们能有这样的机会。你们真该多为自己着想。好吧,祝你们玩得开心!我完全不需要你们操心。我得学会照顾自己,还要学会尊重他人的隐私和需求。"

或者,你有没有听过你 8 岁的孩子这样说:"哦,妈妈,我理解。虽然我现在很想吃冰激凌,很想让你在芭斯罗缤冰激凌店门前停车,但我看得出来回家对你来说更重要。我们还是按你的想法来吧。"

再或者,你家的青少年是否这样说过:"我能理解为什么我不能去滑雪旅行。给我钱去旅行会给家里增加经济负担。我还是在附近打点零工,自己攒钱吧。"

这些话听起来熟悉吗?或许并不。这些情境的共同点是体现出孩子尊重他人的存在、需要、选择和感受。对他人的尊重之心并非天生就有，而是通过后天习得的。你是否曾与不尊重你边界的成年人交往过？那是一种疲惫且艰难的体验。因此，让你的孩子明白这个道理，显得至关重要。如果他长大后不懂得尊重他人的边界，未来将会充满痛苦。

每个孩子来到这个世界上，都希望一切能随心所欲，他很少顾及他人的需求。他不仅希望事情能按他的意愿发展，还希望周围的人都围着他转。他不仅想为自己制定所有的规矩，还想控制他人的生活、财产、情感和自由。简而言之，当他来到这个世界时，就认为其他人都是为他而存在的，其他人没有属于自己的生活。你的任务——也是本章要探讨的主题——就是要纠正他对他人边界本能的不尊重。

尊重他人的边界

要尊重他人的边界并与他人和睦相处，孩子必须做到以下几点：

1. 不伤害他人；
2. 尊重他人表达拒绝的权利，不因此伤害他们；
3. 尊重普遍存在的边界；
4. 重视他人的独立性；
5. 当他人的边界使自己无法如愿时，即使感到失落，也不会发火。

孩子出生时并不具备这些能力，因此你需要为此付出努力。

良好的经验：不要伤害他人，不要擅自侵入，不要因为他人表示了拒绝而去报复

正如第 3 章所述，教孩子尊重他人的最佳方式是你为自己设立良好的边界。这意味着你不会允许自己被轻视。你身为父母的边界，是孩子需要内化的边界。当孩子不尊重你设下的边界或限制时，如果你能表示拒绝，他就会学会尊重他人并尊重他人的边界。反之，他就学不会尊重。

接下来，让我们通过 11 岁男孩比利不尊重妈妈边界的例子来说明这一点。

"妈妈，我要去乔伊家打曲棍球，待会儿见。"

"不行，比利，你不能去。现在该做作业了。"

"拜托，妈妈！大家都会去。我可以一会儿再做作业。"

"比利，我知道你想去，但我们之前说好了，如果你已经游过泳了，就得在晚饭前完成作业。"

"是的，但我可以在晚饭后做。"

"约定就是约定。我不想再讨论这个问题了。"

"你真蠢。你什么都不懂。你又胖又蠢。"

如果你对这番对话很熟悉，请不要担心。当你第一次给孩子设置限制时，孩子会本能地表示讨厌。这个问题的关键在于，当孩子表现出不尊重或怨恨时，你需要怎么做。出现不被尊重的

情况是正常的,但让这种情况持续下去则不正常。解决之道在于对孩子表示共情,纠正他的行为,然后让他承担后果。

表达共情与纠正行为

- "比利,我理解你很失望,但那样跟我说话是不对的。说我'蠢'是不可以的,这会伤害我的感情。你感到难过或生气是可以的,但我不允许你骂人。"
- "比利,我理解你很生气。但是,当你说我蠢时,你觉得我会有什么感受呢?"(等待回答,让他不得不思考其他人的感受。)"当别人骂你时,你有什么感受?你喜欢别人那样对待你吗?"
- "比利,我听得出你很恼火,但如果你能以更尊重的态度跟我说话,我会很乐意听。我不会听那些说我蠢的人讲话。如果你对某事感到不满,请换一种方式告诉我。"
- "比利,请回想你刚才说的话,并试着用更好的方式说。"

当你用上述的方式纠正孩子后,孩子能够道歉、自我反省并悔改,他就学会了尊重。如果孩子不道歉、不反省、不改正,或者任这种行为成为常态,那么就应该让他承担后果。

承担后果

- "比利,我告诉过你,不要那样跟我说话。我不会听,因为它会伤害我的感情。所以,你现在可以去房间里待着,想想怎么表达更好。"
- "比利,如果你继续这样讽刺我,那你就去别的地方找愿意听你说话的人吧。我可不想听。你走开吧。"
- "比利,你一直用这种态度惹我心烦,我真不知道你在外面会怎么对待别人。你最好先待在家里一段时间,想想要怎么跟别人好好说话。"

请注意,我们要尽量将后果和侵入他人边界的行为联系起来。在这个例子中,侵入行为是关系性的,即比利的行为让他人感到不悦。因此,最终的后果是他因自己的行为而失去与他人的交往机会。

同时,也要注意,比利无法将任何事都视为控制问题。妈妈只是在陈述自己的限制以及后果是什么。妈妈没有羞辱或贬低比利,而是在陈述他的所作所为,他仍然拥有选择权。如果他愿意,他可以表现得粗鲁无礼。但妈妈已经明确告诉过他,这样做会让他付出什么代价。在这个过程中,妈妈既保留了他的自由和选择权,又表现出了关爱。在这个过程中,自由、选择和责任这三个要素同时存在于这段关系中。

比利会发现不良人际行为的严重后果:

1. 会伤害到他人；

2. 会让自己在人际关系中付出代价。

父母应尽可能地确保能进行自我控制，因为这正是边界的意义所在。这里需要注意三个方面。

第一，你不能让自己遭受辱骂。因此，当孩子像比利那样和你说话时，你作为一个有着良好边界感的人，可以不去听他说话。如果他继续那样表现，他就没有人可以交谈了。（这个方法对发脾气的幼儿也同样有效。告诉他，他可以生气，但必须在自己的房间里待着。你不想听到吵闹声。）

第二，你的孩子会明白，他的行为会伤害他人。大多数孩子都不喜欢伤害他人。他可能会反抗规则和限制，但能够理解他人的痛苦。你要告诉他，他说的话很伤人，这让你感到很难过。你要向他传授"己所不欲，勿施于人"的黄金法则，这是一种基于同理心的道德准则，即基于对他人感受的认识和关心。我们希望他人怎么对待自己，就要怎么对待他人，这需要我们理解自己的行为会给他人带来怎样的感受。孩子很快就会明白，他不希望被以哪种方式对待。在说这些话时，不要用责备的语气，而要用探讨的语气，比如："当学校里的其他人那样跟你说话时，你有什么感受？"让他思考并回答，然后说："嗯，你那样对我时，我有同样的感受。我也不喜欢那样。"

第三，如果孩子无法自我纠正——一开始可能确实不能——那么他必须为此付出一些代价。付出人际关系代价也许会有帮助。换句话说，由于孩子伤害或冒犯了他人，他所付出的代价就是失去与这个人相处的机会。让孩子离开，在他持续这么做的期间，不要和他互动。告诉他，你觉得他需要一些时间来思考如何更好地与你交谈，这样你才会愿意听他说话。"表现得刻薄"就等于"无人理会"，"表现得友好"就意味着"有人愿意倾听"。要倾听孩子的愤怒，但绝不能容忍刻薄的行为。

孩子与其他人的相处

同样的原则也适用于你之外的其他人。一般来说，尽可能不要介入孩子之间的争执，或是他与其他成年人之间的争执。他需要学会自己解决这些分歧。这样做还能避免陷入三角关系，比如孩子利用一名家长来对抗另一名家长，或是利用家长来对抗家庭以外的人。

玛丽13岁的儿子斯蒂芬有些态度方面的问题。有一次，他和几个朋友在后院玩耍，玛丽听到男孩们争吵起来。当她再次感受到斯蒂芬那"恶劣的态度"时，虽然心里很难过，但她还是努力克制住自己，没有去纠正他。以前的玛丽可能会立刻介入，试图充当调解者，帮助斯蒂芬解决与朋友或兄弟姐妹之间的争端。但这次，她决定让他自己处理。

不一会儿，斯蒂芬独自回到了屋里。他很安静，默默地打开电视看了起来。玛丽想和他聊聊，但他似乎不太愿意说话。她猜想，他和朋友们可能有些不愉快。

"你的朋友呢？"她问道。

"哦，他们走了。"斯蒂芬小声回答。

"现在还早啊，他们怎么就走了？"

"反正就是走了！"斯蒂芬说，试图避开这个话题。

"你确定吗？"

斯蒂芬看起来很伤心。玛丽知道，这对他们母子俩来说都是个困难的时刻。过去，当玛丽的"工具箱"里只有同情、没有边界时，她会尝试去逗他开心，让他感觉好些。但自从掌握了基于现实共情的技巧后，她深吸一口气，尽力将两者都融入对话中。

"斯蒂芬，是不是发生了什么事情，让贾斯汀和罗比想回家？"

很快，斯蒂芬讲出了事情的原委，原因是他坚持要按自己的方式行事。然而，他并没有承担起自己在争执中的责任，反而想让妈妈和他一起责怪朋友们："这不是我的错！他们不想玩有趣的东西。那个游戏我们已经玩过了。"

但这次，玛丽顺其自然，只是对他的痛苦表示共情。

"斯蒂芬，"她充满爱意地说，"你现在感觉很糟糕，因为你孤身一人。这就是你总想按自己的方式行事的结果。你当然可以一直按自己的方式来，但你的朋友就不会想和你在一起了。如果你懂得分享和妥协，你就会有朋友相伴。独自一人是很艰难的，我能理解你的感受。所以，也许你应该好好想想，一直按自己的方式行事对你来说是不是真的那么重要。你可以一直做你想做的事，但如果你选择这条路，你将会非常孤独。"

通过表达共情，以及让斯蒂芬感受到孤独的痛苦，玛丽用现实给斯蒂芬上了一堂尊重他人边界的课。在此后的一年里，斯蒂芬经历了很多类似的事件，他也发生了变化。他终于开始懂得要与他人分享的道理。

用孩子在现实世界中的经历来教育他，同时以父母的共情力和边界感来保障这一学习过程，是孩子学会尊重他人边界的最佳方法。然而，这对父母来说很难。大多数父母都忍不住想要训斥或羞辱孩子，或者通过指责学校或其他孩子来"解救"他。但明智的父母会让孩子自行吸取生活的教训，并对孩子的痛苦表示共情。这样，孩子就能学会尊重外部世界的限制以及父母的限制。询问孩子打算如何解决与老师之间的问题，远比冲到学校替他解决，或者因为他在学校的问题而在家里惩罚他，要明智得多。

要知道，有时候，成人之间的纠纷必须诉诸法律。如果成年人无法解决自己的问题，我们就会诉诸法律，法庭会帮助我们达成和解，这种和解可能会带来一些后果。对孩子来说，所谓的"法律"就是父母。父母有时需要介入并解决争端，但前提必须是孩子已经尝试过所有方法并且都没有成功。孩子必须学会尊重他人的边界，否则他将为此付出代价。这可能会带来一些后果。但请记住，如果你替他解决所有争端，他就无法学会独立解决问题的技能。

坚守限制

往往在一开始，甚至在前几次的尝试中，限制都不会受到欢迎。人类本能地会对限制表示抗拒。当你对孩子说"不"时，他不仅失去了想要的东西，还会意识到他并不能掌控一切。这一发现比不能看电视更让他感到沮丧。别忘了，孩子对限制表示抗议是正常反应。

当你被孩子的反抗情绪所牵动时，问题就出现了。你要么得坚守这个限制，要么得惩罚孩子。但两者都不是明智之举。记住，只要能坚持下去，限制就会变成既定事实。这就是边界。因此，孩子会遵守这个限制，因为它是真实且不会改变的。孩子抗议过后，现实依然是现实，如果你不去干涉，他的抗议最终会转变为悲伤和适应。要实现这一转变，孩子在受到限制的同时，也要感受到爱。这样，他就能以一种非对抗的方式内化限制的现实性，这些限制才会成为他内在的约束力、行为体系和自我控制力。

但是，如果你与孩子争论或谴责孩子，那么问题就不再是限制本身，而在于你了。此外，如果没有充满爱的父母在一旁帮助孩子面对现实，一旦你与孩子起了争执或是谴责他，他就会陷入更大的困境。他会从心底里抗拒这个现实，并且怨恨你，因为此刻你站在了他的对立面。

让我们来对比一下这两种不同的方式。第一种是父母被孩子的抗议所左右。第二种是父母能同时以爱和限制回应。

场景一

"不，凯西，你今天不能去看电影。"

"这不公平!马西娅都能去。我讨厌你这些愚蠢的规定。"

"凯西,你这态度可不好。想想我允许你做的那些事情,你最起码应该停止跟我争辩。"

"这不公平!其他孩子都能去。迈克尔去的次数都比我多。"

"我这周已经让你参加很多活动了。别说我什么都不允许你做。你难道不记得前几天你也去过吗?"

"但我今天就是想去。你根本就不在乎我的感受!"

"我在乎的。你怎么能这么说?我整天带你东奔西跑的。你怎么能说我不在乎?现在放端正你的态度,否则你接下来一周哪儿也别想去!"

场景二

"不,凯西,你今天不能去看电影。你得先做完家务。"

"这不公平!马西娅都能去。我讨厌你这些愚蠢的规定。"

"我知道。你不能去看电影,肯定很失望。"

"但我今天就是想去。你根本就不在乎我的感受!"

"我知道你既沮丧又生气。先干活再玩乐,这确实很难。我也有同感。"

"我讨厌生活在这个家!我什么都不能做。"

"我明白。当你真的很想去看电影却不能去的时候,确实很难受。"

"好吧,既然你这么清楚,就让我去吧。"

"我知道你很想去,这确实很难。但是,不行。"

"如果我错过了这场电影,今年夏天我将不会再有机会了。"

"那真可惜。离下一个夏天还有很久呢。我能理解你为什么对错过这场电影感到生气。"

最后,孩子发现自己无论是在尝试打破限制,还是让父母感到沮丧方面都没有取得任何进展,她感到厌倦,于是放弃了。她必须接受现实。

注意,在第二个场景中,妈妈并没有为了"当下的痛苦"而解释、辩解,或是羞辱孩子。她坚守着限制,并对凯西的感受表示共情。凯西无从争辩,妈妈也没有对她进行任何斥责或惩罚,有的只是爱和限制。在设置限制时,妈妈需要以共情为基础。无论如何,凯西对解释并不感兴趣。解释对她来说没有用,因为她真的很沮丧和生气。如果妈妈意识到她只需要给予凯西爱和共情,并且坚守限制,那么限制就会成为现实。如果妈妈不让自己的愤怒、羞耻或辩解阻碍这一过程,那么限制会成为凯西真正的对立面,而不是妈妈。她的共情使她没有陷入与凯西的权力斗争。

当父母无法共情孩子的痛苦时,双方就会陷入困境。他们要么过分认同孩子的痛苦而选择妥协,要么因孩子的痛苦而感到愤怒,进而与孩子发生冲突。对于这两种极端情况,最佳的应对方式是既要表达共情,又要坚守限制。你甚至可以用以下这些充满共情的表达来作为自己的"武器"。

- 我能理解你此刻一定感到非常沮丧。

- 其他孩子都能去,我猜你一定很失望。
- 我知道,当我不得不工作,却做不了自己想做的事时,我也一样会觉得很烦躁。
- 错过了你一直期待的事情,这真是太遗憾了。
- 我知道,我知道,这真的很难。
- 我知道,比起洗衣服,我更想去打网球。这感觉真是太糟了,不是吗?

很快,孩子就会明白,他的抗议既不会改变你的限制,也不会引起你的反应。这些都是孩子此刻的目标,因为此时他希望达成两件事:

1. 希望现实能有所改变;
2. 希望父母能感受到他的痛苦。

所以,你的任务是既不改变限制,也不感到沮丧。保持坚定,表示共情,不要生气或惩罚孩子。抗议终将被现实取代,孩子将开始感受到他能从限制中学到的最重要的一种情绪:悲伤。

面对现实时的悲伤和失落感

感到悲伤表明抗议已经让步于现实,孩子开始放弃这场斗争。我们每个人在面对无法逾越的限制时,都必须学会这一点:接纳我们无法拥有想要之物的失落感,然后继续前行。从抗议到接受,你已经上了一堂重要的性格课:生活有时就是充满悲伤。

一个人并不总能得到自己想要的东西。这对我来说太糟糕了。但我必须继续前行。

当你想到你认识的那些在生活中无法改变现状却仍在固执地表达抗议的成年人时，你就能感受到那些从未学会这一课的人是多么痛苦。他们无法释怀，可能是因为他们小时候没有学会如何面对失去和悲伤。只有基于现实共情，才能让人接受现实，并获得继续前行的动力。

对于有些孩子，你可能需要在他开始争辩之前，坐下来和他谈谈。"我注意到，当我拒绝你的时候，你真的很难过。你想谈谈吗？你是不是觉得我不够理解你，或者没有给你足够的空间做事情？如果我们之间有什么误会，我希望我们能开诚布公地聊一聊。我是不是在某些方面伤害了你？"在孩子激烈地表达抗议时，不适合进行这种谈话。这时你只需要坚守限制，表达共情即可。

接纳分离

我们彼此之间的自由性与独立性是人际关系中最重要的方面之一。我们需要能够尊重与所爱之人分离这一现实。这一课从幼儿时期就开始了，父母与孩子的分离时间越来越长，孩子会因为被抛下且没有得到及时回应而哭泣和抗议。如果父母因为感知到这种被抛弃感而不恰当地做出妥协，反而让孩子控制了自己，这是错误的做法。

如果孩子得到了精心的养育，并获得了足够的联结和爱，他就需要学会忍受分离。当他大喊大叫、哭泣时，我们需要共情他，但也要让他独自面对。在不得不面对分离时，他会学会接受并享受自己的个体性。但这并不意味着父母可以忽视孩子真正的需求，特别是在婴儿期。真正的需求必须得到满足。

当需求得到满足后，孩子还需要学会接受他有时会和所爱之人分离，这是日常生活的一部分。如果我们能共情他，并让他面对这一现实，他就会明白并接受分离。

孩子也需要具有独立性

想要教会孩子尊重你的独立性，你首先要尊重他的独立性。根据孩子的年龄给予他相应的自由，不要总是让他黏在你身边。无论是幼儿探索安全地带的自由，学龄儿童在附近玩耍的自由，还是青少年与异性正常接触的自由，拥有属于自己的生活空间和选择权对孩子而言都非常重要。随着年龄的增长，他会越来越渴望和需要更多的空间，只要他能妥善处理，就应该给他空间。如无必要，就不要侵犯他的隐私和个人空间。

孩子的空间

孩子的房间是其独立性的一个很好体现。我们提倡要教导并要求孩子从小整理房间，保持整洁。但随着年龄的增长，他会更希望能自由管理自己的空间。给他这份自由，但如果他做不好，也不要纵容他不负责任的行为。比如，当他找不到东西时，不要替他去找。同时，也不要允许他在公共区域乱放物品，因为遵守公共空间秩序是成为好邻居的前提。他可以在自己的小天地里、在限制范围内随心所欲地生活。（即便是成年人，如果不遵守安全规范，消防部门也会来开罚单。所以，尽管房间是他自己的空间，但如果越过某些安全边界，他也可能失去掌控权。）

孩子的时间

时间是独立性的另一个体现。只要不危及自身安全，孩子应当被允许在适龄的限制范围内支配自己的时间。对学龄前的孩子，要更多地帮他规划时间，在时间框架内，他可以自行安排。他应该学习区分玩耍的时间和睡觉的时间，需要学会在完成作业后才能玩耍。青少年则需要学会管理自己的时间，限制会促使他做得更好。一旦孩子成长到明白该如何行事的年纪，就让他自行承担起按时上学、吃饭、完成家务和作业的责任。如果管理不善，就让他承担相应的后果。

如果你日复一日地催促孩子准备各种事情，他就永远都无法学会时间管理。只有被真正执行起来，这些限制才会真实存在。别唠叨个没完，别总是提醒。你不是钟表，不需要教会他看时间，告诉他应该在何时做何事，并让他按时做好准备。如果他做不到，就是他自己的问题，他可能会错过几顿饭、几次外出或几天课程，但很快他就会明白时间管理的真正含义。

如果他经常不按时吃晚饭，那么等过了饭点，他就没饭吃。把你的边界说清楚："就餐时间是晚上17点至17点半，过时不候。"让他自己面对饥饿难眠、错过校车或因没做好准备而没能完成某事等后果。经历几次之后，他就会明白这个道理。但如果你总是唠叨，并且试图通过剥夺他自我管理的权利来控制他的独立性，他就永远不会明白时间限制是真实存在的。

孩子的交友选择

如果你的孩子和一些你不希望他结交的朋友一起玩耍，就和他聊聊择友的问题（他正面临危险的情况除外，这点在下文中会做出解释）。以下是一些建议：

- 你和萨米在一起时感觉怎么样？
- 你喜欢别人这样对待你吗？我可不想和不尊重我意见的人相处。
- 你喜欢他什么呢？我通常不太喜欢总是我行我素的人。
- 我希望你能引导他变得更好。
- 我也有一些价值观不同的朋友。你会觉得很难不被他们影响吗？当他们让你做一些你不认可的事情时，你会如何应对？

有时，孩子选择的朋友可能会带来危险，这时你必须采取行动。但这种选择往往意味着背后有更深层的原因。如果孩子选择了一些会伤害他的人作为朋友，那就要注意他是否表现出了抑郁、沮丧的情绪或消极、被动的倾向。如果你发现了这些迹象，请寻求专业人士的帮助。

孩子的金钱

孩子需要有可供自己支配的钱去买他想要的东西，但花光了就不能再要。他需要了解在成年后必须面对的现实：金钱是有限的。让他亲身体验金钱的有限性，是学习这一点的最佳途径。然而，现实中通常会存在两种情况：要么是孩子不能掌控自己的零花钱，也无法学会在有限的预算内生活；要么是父母给孩子的零花钱太多，让他根本无须考虑金钱的限制。当孩子因为花光所有的零花钱而无法购买某样东西时，父母往往于心不忍。

但在教育孩子尊重现实这件事上，我们应该表示共情，而不是一味地说教。"我明白，这个月还没过完，钱就被花光了，我心里也很不是滋味。我不得不放弃一些必需品。我真的很讨厌自己这样做。"

孩子的服装和外表

除非这些选择会让孩子面临危险，否则服装和发型应该由孩子自己做主。比如，某些穿着可能意味着加入了帮派，或者显得过于放荡不羁。这时，你就得管一管了。但在此之前，还是让孩子自己选择服装和发型吧。他越早学会自理，意识到自己的独立性，就越好。通常，现实会给他上一课。如果衣着太过奇特，校园里的人会提醒他的。如果他的社交圈没有因为他的发型而疏远他，那就让他随心所欲地打扮吧。想想看，你当年把自己打扮得像猫王、甲壳虫乐队或者齐柏林飞艇乐队成员那样时，你的父母不也是看不惯嘛！

让孩子把注意力放在更重要的事情上，比如价值观、技能、爱、诚实以及如何对待他人。允许孩子在外貌上展现自我。我的一个朋友曾说过："当我意识到他戴耳环只是为了表现出与众不同时，我就让他戴了。我不想让他非得通过破坏性行为来证明自己的独特。"通常，服装和外貌能传达"我属于某个群体"以及"我与父母不同，我可以自己做决定"这两个信息。只要他的穿着打扮符合他所处的环境，就让他随心所欲吧。（这并不意味着你必须喜欢。你也有自己的喜好，只是不用对他的选择感到不满。毕竟，那是他自己的头发。）

你自己的独立性

除了孩子相对于你的独立性之外，你也要主动与他保持距离。父母如果没有自己的生活，就会让孩子觉得宇宙都在围着他转。不要担心他在晚上独自外出；在孩子长大一些后，不带他，独自去旅行；要享受独处的时光，拥有自己的空间。让孩子从小就明白，妈妈现在想读书，而不是陪他玩，这一点很重要。我有个朋友会在这种时候对她的儿子说："我正在读书，觉得很有趣。你需要对自己的快乐负责。你自己去找点乐子吧"或者"我知道你还没说完，但我已经听够了。我想玩拼图了。你自己去玩吧"。

那些对孩子总是想要黏在自己身边的愿望从不表示拒绝的父母，其实是在向孩子传达一个信息：他无法独立生活，世界是以他为中心的。这样的孩子在将来也会不习惯让自己所爱的人拥有独立空间，并会试图控制对方。在满足孩子需求的同时，也要求他在你忙自己的事时学会独处。要共情他的沮丧，但也要坚持你自己的独立性。

你做得如何？

孩子就像一面镜子，能让你看到自己的影子。他映照出你的行为、习惯、态度以及看待和应对生活的方式。因此，在按照本章内容教导孩子尊重你的边界之前，请先确保你尊重孩子和他人的边界。请记住尊重定律的目标：

1. 不伤害他人；
2. 尊重他人表达拒绝的权利，不因此伤害他人；
3. 坚守限制；
4. 重视他人的独立性；
5. 当他人的边界让自己无法如愿时，即使感到失落，也不会发火。

以下是一些有助于你自查是否遵守尊重定律的问题：

1. 当你伤害了孩子时，你是否会承认自己的行为并道歉？你是否会告诉他，你只考虑到了自己，并对此感到抱歉？你是否会请求他的原谅？

2. 当你的配偶或孩子拒绝了你的要求时，你是否会通过愤怒、操纵或收回爱来惩罚对方？你的孩子是否可以在他有自主决定权的事情上对你说"不"？你是否给予他管理自己生活的权利？如果你希望他打棒球，而他喜欢踢足球，他是否能表示拒绝？他是否能拥有对信仰的不同看法？

3. 你通常如何处理限制问题？你是否总是试图"绕过"规则，并且也为孩子做了不好的示范？你是能接受恰当的限制，还是告诉孩子，规则适用于所有人，唯独你除外？

4. 你是否重视他人的独立性？你是否允许他拥有与你不同的生活？你是否允许孩子成长为自主的人，与你相互独立？你是爱他的自由，还是恨他的自由？

5. 当你没有从孩子或他人那里得到你想要的东西时，你是会生气，还是会伤心？你是会愤怒地反对他的选择，还是会悲伤地接受？当事情没有按照你的意愿发展时，你是会大发雷霆，还是即使感到悲伤，也能继续前进？

受到尊重的人最有可能学会尊重他人。如果你不能尊重孩子，就无法要求孩子尊重他人。为让孩子学会尊重他人以及尊重现实的限制而树立榜样，这比任何你将要学习的技巧都更有意义。

结论

尊重定律教给孩子的道理是，世界并非只属于他，他必须与他人共享这个世界。他需要学习如何成为好邻居，以及如何像希望别人对待自己那样去对待邻居。他并不能总是随心所欲，但即使不能如愿，也得坦然接受。他能够容忍限制的存在，不随意跨越边界。他能够平静地接受他人的拒绝，而不会大吵大闹。他也能够接受他人生活的独立性。

记住，这一过程是这样的：

- 孩子对限制提出抗议；

- 他试图改变限制,并报复设置限制的人;
- 你坚守限制,同时基于现实共情孩子;
- 孩子接受限制,并培养出更加有爱的态度。

这不是一蹴而就的,而是一个艰难的过程。但如果你能始终满怀爱意地坚守限制,到最后,你的爱心管教将会为孩子结出"正义与和平的硕果"。为了他的未来,以及那些将会爱他的人的未来,你的孩子需要学会遵循黄金法则——己所不欲,勿施于人。这样,他的生活,以及他所爱之人的生活,都会变得更加美好。

然而,我们都知道,尊重他人既有正当理由,也有不正当的理由。例如,有些人出于自私、内疚或恐惧而善待他人。我们更希望你的孩子能出于更积极的动机去学习爱与责任,而非出于这些原因。在下一章中,我们将会教你如何做到这一点。

第 8 章

先好好爱孩子，然后建立边界
动机定律

在一次父子出游的活动中，我（汤森德博士）偶然间听到了两位父亲的对话，这段对话给了我很大的启示。

"兰迪最近的态度让我挺头疼的，"一位父亲说，"我让他去倒垃圾或者做作业，他都会照做，但总是满腹牢骚。他缺乏做事的动机。"

一阵沉默后，另一位父亲回应道："埃德，真是抱歉，你可能需要找别人倾诉一下。因为我家麦克都还没找到垃圾桶在哪呢。"

两位父亲，两个不同的问题。一个孩子态度消极，缺乏动机；另一个孩子都还没遇到这个问题。

乍一看，你可能会疑惑，动机与培养孩子的边界感有何关联？特别是对那些处境与第二位父亲类似的家长来说，这一点尤为重要。很多人正被那些失控、叛逆、消极逃避，或是爱顶嘴、爱耍手段的孩子折磨得头疼。你现在并不关心动机问题，只想找到办法，让孩子听话、变得更有责任心就行了。动机这个话题，似乎还遥不可及。"先让我把孩子管好，"你们心里可能这么想，"然后再操心怎么激发他的积极性吧。"

动机驱动我们的行为，是行为的内因。如果不良行为是问题所在，那它就会受到更多的关注。就好比客厅里起了火，你更关心的是如何把火扑灭，而不是火是从哪儿燃烧起来的。

但且慢！关于动机，还有两个至关重要的问题。首先，当你成功吸引了孩子的注意力后，动机就变得至关重要了。孩子会打扫房间，是因为如果不这样做，他就不能在那个周末看电影。然而，当孩子20岁时，他就需要其他理由来促使他保持房间整洁有序了。

正如我们所见，动机在孩子的性格形成过程中是分阶段发展的。不成熟的动机，如对疼痛和后果的恐惧，对幼儿有所帮助。但是，父母不仅仅要帮助孩子对自己的行为负责。你希望孩子是出于正当的理由去做正确的事，而不仅仅是为了避免惩罚。他需要学会成为一个有爱心的人。

假设你希望儿子去做作业，他却多次从书桌旁起身，磨磨蹭蹭，想尽办法逃避。你站在他旁边，不停地催促，直到他完成作业。

在这场小小的较量中，你或许占了上风，但实际上你已经输了大局。你儿子完成作业的动机只是为了让你别再唠叨，而不是为了取得好成绩。如果你明天晚上不在旁边盯着，你觉得他会怎么做呢？

许多家长都面临这样的两难困境。孩子会咆哮、怒吼、威胁，但只要家长在一旁盯着，他就变得循规蹈矩。然而，当孩子进入青春期，如果你打算周末外出旅行，就别指望他会自觉守规矩了。我们听过太多这样的故事：父母在得知上大学的孩子参与了家中禁止的各种活动后，心痛不已。我的一位朋友在得知他读大一的女儿怀孕后，伤心欲绝。这个女孩的表现就像一个刚获得空前自由的小孩。在处理此事的过程中，我的朋友意识到，他希望她在大学也能受到和在家一样的监督，但这是不可能的。对她冲动行为的外部约束（父母的限制）从未融入她的性格。如果孩子的行为只受外部力量驱使，那就说明他尚未成熟，还不是一个真正的成年人。

第二个与动机有关的问题是育儿策略。一位疲惫不堪、走投无路的家长往往会采取极端的策略，试图让调皮捣蛋的孩子改变。他们可能会向孩子传递令他内疚的信息，或者威胁要收回爱。虽然这些策略可能会暂时缓和亲子间的冷战，但从长远来看，它们不会永远奏效。不恰当的动机不仅无效，还会伤害你的孩子。

你还记得当你与父母意见不合或不服从他们的指令时，你在他们沉默不语时的感受吗？如今，很多家长一生都在承受这种操纵带来的后果。孩子结婚后，被善于制造内疚感的配偶所控制。在面对让他感到愧疚的老板和朋友时，他会感到无能为力，并且心生怨恨。爱孩子的父母希望孩子不必永远为了让他人保持稳定和快乐而内心挣扎。

因此，动机在帮助孩子培养边界感方面很重要。那么，父母该如何帮助孩子形成正确的动机，让他去爱人和行善呢？

目标：爱与现实

我和妻子曾经一同前往瑞典，我受邀在一场探讨精神问题的会议上发言。那一周，我们住在主办会议的牧师夫妇家中，受到了他们的热情款待。在那段时间里，我们不仅了解了这对夫妇，还结识了他们的3个年龄在8～16岁之间的女儿。

他们家的日常生活方式也给我们留下了深刻的印象。每次用餐结束后，每个女孩都会自觉承担起自己的职责。无须父母提醒，她们就会主动起身收拾餐桌、清洗碗碟或打扫厨房。她们动作娴熟且安静，以至于当我环顾四周，惊讶地发现房间已经被打扫得干净整洁时，竟然完全不知道这是怎么做到的。当然，这些孩子绝不是"小机器人"。她们个性鲜明，善于表达自己的想法和观点。但家中的一切还是如同机器一般，井然有序地运转着。

我问其中一个女孩："为什么你做家务时从不抱怨呢？"她稍作停顿后回答道："嗯，我喜欢帮忙，而且我也想让我的姐妹们做好她们分内的事！"

在你为孩子不愿做家务而感到苦恼之前，不妨先听听我这位瑞典朋友的回答，她提到了动机。首先，她做家务是出于对家人的爱，她乐于帮忙。其次，她也受到了现实需求的影响：如果她完成了自己的任务，她的姐妹们很可能也会完成她们的任务，这样她就不必做额外的工作了。这正是你希望能在孩子心中培养的美好品质：出于对他人充满同理心的关切和对现实需求的尊重而去做正确的事，避免做错事。这样的孩子长大后，会成为一个能出于正当理由、怀着愉悦的心情主动选择承担生活责任的人。

这并不是说我们的目标是孩子能享受他们的任务、工作、职责，乐于进行自我约束。对孩子说"你必须吃豌豆，而且得喜欢吃！"的母亲恐怕只会失望。孩子或许会抵抗，或许想和你讨价还价。但同时，我们的目标，是让他最终能够出于正确的动机，心甘情愿地承担自己的责任。

动机的发展阶段

如何帮助孩子培养良好的动机呢？有几个必经的成长阶段，你需要引领孩子一步步走过这些阶段。这是一个不可或缺的过程。在经历这些阶段时，你可能会发现你的孩子还处于较早的阶段。这未必是坏事。它只是意味着，为了进入下一个阶段，还需要完成一些针对性的任务。没有人能跳过这些阶段。表8-1简述了每个阶段的特点以及应该避免的常见错误。

表 8-1　孩子动机的发展与你的回应

阶段	需要避免的错误
1. 对后果感到恐惧	愤怒的惩罚
2. 良知尚未成熟	过于严格或过于宽松
3. 价值观和道德观	引起内疚和羞耻的信息
4. 成熟的爱，成熟的羞耻心	收回爱，过度批评

在阐释这些阶段之前，我们要明白，孩子在成长和培养边界感的过程中面临着艰巨的任务；你、现实以及他的朋友都会对他提出很多要求。他需要深深扎根并稳固生长于爱的土壤之中。没有人能在关系匮乏的情况下承受责任带来的挫败和痛苦。人们只有在宽容的氛围中才能内化规则，否则他们就会厌恶规则，或是只将规则看作用于谴责他们的东西，甚至两种感受兼有——他们会感到愤怒。

如果你刚开始接触"边界"的概念，并打算在孩子身上培养边界感，请不要一开始就严厉斥责："听着！史密斯家以后要制定新规矩了。"要确保你与孩子有情感联结，给予他支持和爱。设定边界并不是不爱孩子，而是爱孩子的一种方式。要与他保持联结，让他知道你有多么在乎他。无论他快乐还是悲伤，甚至是对你感到愤怒和失望时，你都要陪伴在他身边。正是这样的联结让他成长。

冷漠和有条件的爱是建立这一基础的大敌。那些难以与孩子建立亲密关系的疏离型父母，虽然可能非常疼爱孩子，但往往无法感受到这些情感，也无法向孩子表达出来。他们只是从远处默默爱着孩子。如果你难以与孩子建立亲密关系，不妨投身于那些能够给予你支持的关系中，在这些关系中学习如何变得柔和和易于接近。我们能给予的，只能是我们所能得到的。

有条件的爱无法永恒存在。当父母的爱带有条件时，他们就只有在孩子表现良好的时候才会与孩子建立联结，孩子的不良行为会导致他们的疏远。处于这种境地的孩子永远不会有被爱的安全感。他在建立基本信任方面会遇到很大的困难，如果他犯了错，还可能会失去对他至关重要的一切。如果爱是有条件的，学习就无法进行下去。

所以，要先爱孩子，然后再设置限制。

对后果感到恐惧

当你开始为孩子设定限制和后果时，他很可能会试探、抗议，甚至对你表达怨恨。毕竟，谁又喜欢聚会的散场时刻呢！然而，请坚守你的边界，保持公正且始终如一，同时也要共情孩子。孩子会逐渐认识到，他并非无所不能，爸爸妈妈比他更强大，而他的不当行为会让他付出代价，给他带来痛苦。这是一个全新的世界，你已经引起了他的注意。

然而，孩子总是尽可能地逃避现实。在一场棒球比赛中，我看到一个 6 岁的小男孩滔滔不绝地大声表达自己的想法，完全不顾及周围人的感受。爸爸妈妈担心会伤害他的感情，只能时不时地轻声提醒他说话小声点。然而，对这个小男孩来说，这似乎已经是老戏码了。他心里清楚，只要自己不理会，父母很快就会放弃。

最后，坐在后面几排的一位观众走到他面前，说道："孩子，你真的得安静点儿。"这个男孩被这位态度坚决的陌生大人震慑住了，在接下来的比赛中收敛了许多。令人意外的是，孩子的父母并没有觉得尴尬，反而更有信心去管教孩子了。引起孩子的注意，始终是第一步。

如果一切顺利，且亲子双方都能安然通过最初的挑战，你的孩子将会对后果产生有益的恐惧。一个全新的念头会取代以往的念头：我可以随心所欲、想何时做就何时做，还是得好好想想自己打算做什么，这么做可能要付出什么代价？新念头会伴随着一种可预期的焦虑，孩子心中会亮起一盏警示灯，帮助他仔细思考自己到底有多么渴望去做正在盘算的事。这对孩子而言是一大幸事。

对很多父母来说，这一刻标志着他们在设立边界的育儿之路上取得了首次重大胜利。他们开始觉得，这个方法真的管用！他们打破了孩子那种自认为无所不能且以自我为中心的心态，并引入了这样一个事实：如果不小心行事，一切都会变得糟糕。要找出哪些损失和后果对孩子来说至关重要，这需要不断摸索，付出许多努力，而坚守边界需要极大的毅力。

一位父亲曾对我说："你得比孩子多坚持一次。要是孩子违规一万次，你只需要坚持一万零一次，你就能赢。"许多父母都记得那么一天，不论孩子当时是2岁还是16岁，当他们看到孩子脸上露出疑惑和不确定的神情时，就知道自己通过坚守边界，终于在这场较量中取得了胜利。

埃米是一名二年级的学生，她的脾气有些暴躁，生气时会朝别人扔玩具。她的妈妈制定了一个规矩：一旦埃米扔玩具，就会永远失去它。当失去的玩具越来越多，妈妈却不确定埃米是否真正意识到，这些心爱的玩具再也回不来了。直到有一天，埃米又准备朝别人扔玩具时，妈妈连忙说："还记得上次的事吗？"

这个小女孩生平第一次停下了挥舞的手臂，犹豫了片刻，然后把玩具放下了。妈妈回忆说，那一刻，埃米仿佛在心里对自己说："我记得上次这么做时，好像发生了什么不好的事情。"埃米已经开始意识到自己的行为和未来之间的紧密联系，有些人把这称为"教育契机"。她正在学习播种与收获定律。

我们必须再次强调，这种对后果的畏惧不应该是对失去爱的畏惧。你的孩子需要知道，无论他犯了什么错，你都会始终如一地与他保持情感联结。他只需关心失去自由可能带来的痛苦。你传达的信息应该是："我爱你，但这是你为自己选择的一条艰难之路。"

这是动机形成的早期阶段。有些孩子仅仅是因为"记得上次的教训吗？"而放下玩具，而不是因为认识到"这是错的"或"我不想伤害你"，有些理想化的父母会因此感到失望。但请记住，规则对失控行为有足够的约束力，让我们能够放慢脚步，聆听爱的信息。

在这个阶段，切忌出于愤怒或惩罚的心态而设立边界。你的孩子需要进行自我约束以避免不良后果。如果他关注的是如何避免引起你的愤怒或害怕受到严厉的惩罚，他就不会建立这种联系。明确后果的目的应该是让孩子明白，问题出在他自己身上，而不是愤怒的父母身上。

对比以下两种管教方式：

1. "雷吉，如果你再从商店货架上拿薯片，妈妈可就真生气了。"

2."雷吉，如果你再从商店货架上拿薯片，我们就立刻走出商店去进行计时隔离；回家后你得帮我打扫厨房，作为我陪你处理这事儿所浪费时间的补偿。"

在第一种情况下，雷吉要面对一个生气的妈妈。他可以选择安抚她（但日后可能会报复她，或者因为害怕他人的愤怒而变得没有边界，总是讨好他人），或者因为觉得挑衅她很有趣而选择与她对抗，又或者因为知道自己还有几次机会才会让她彻底爆发，而选择忽视她。如果妈妈真的生气了，但他发现自己无须承担任何后果，那他可能会觉得无所谓。很多家长发现，如果使用愤怒来管教孩子，随着时间的推移，自己对孩子的影响力会逐渐减弱。因为孩子会意识到，应对父母愤怒的方法就是不理会他们。

在第二种情况下，雷吉必须考虑他未来的生活质量：是选择计时隔离、打扫厨房，还是享受自由和乐趣。第二种方式能帮助他意识到问题出在自己的行为上，而不是失控的妈妈。

当以这种方式来看待问题时，你的孩子将会发生如下转变：(1) 他开始反省自己，而不是去责怪他人；(2) 他逐渐获得控制感和掌控感（他能够通过自己的行为来决定自己要承受多少痛苦）；(3) 在这一学习过程中，他始终被爱包围；(4) 他意识到，如果他拒绝自我约束，总会有比他更强大的人，如父母、朋友、教师、老板、警察、军队，来对他进行限制。

如果不去塑造这种态度和性格特质，你的孩子可能会陷入一种错觉，认为自己想要什么就能得到什么。帮助他感受到对后果的适度的恐惧，能让他更好地适应现实，让现实成为他的朋友，而不是敌人。当你的孩子告诉你，他做家务是因为不想被禁足时，要表扬他的诚实。然后，开始引导他走出下一步。

不成熟的良知

德鲁的父母十分焦虑。他们一直努力在给予3岁的德鲁的爱与限制之间寻找平衡。但最近，德鲁表现出了他们难以理解的新行为。

德鲁成了个"小跑侠"。他在家里跑得飞快，撞翻家具，摔倒，总之就是到处捣蛋。他的父母为此花费了大量时间和精力。他们与德鲁沟通了这个问题，给他制定了明确的奖惩制度，希望他能在家里安静地走路。慢慢地，他们看到了进步。德鲁在家里开始变得更加小心和谨慎。

有一天，德鲁从外面玩耍回来，他在外面会跑来跑去，但回家后却没有及时"转换模式"。他开始在客厅地板上滑行。当爸爸提醒他时，德鲁说："德鲁，停下！德鲁，坏！"这让父母担心德鲁对自己太苛刻了。

有些孩子在对后果有了适度的恐惧感后，一旦犯错，就会像严苛的家长那样进行严厉的自责。这通常发生在那些明白自己的行为会带来什么结果的孩子身上。

德鲁正经历着一个贯穿一生的过程，我们将之称为"内化"。他将自己在重要人际关系中的经历内化，使之成为自己的一部分。这些经历以充满情感的记忆的形式存在于他的脑海中。简而言之，外部事物成了内心的认知。从某种意义上说，孩子"消化"着自己的经历，这些经历构成了他看待生活和现实的方式。

内化是一个深刻的精神过程。内化是我们能够去爱、培养自控力、建立道德伦理体系的基础。它塑造我们的良知，帮助我们明辨是非。例如，你可能会注意到，当你在重重压力中或在处理某些问题时，那个与此事相关且对你至关重要的人可能会浮现在你的脑海中。你可能会看到他的脸，或回想起那些指引过你的话语。这是内化的早期阶段，在这个阶段，影响力因素尚未以"我"为主体，而是表现为"我所珍视的他人"。

比如，德鲁听取了父母关于在家里奔跑的危险性和后果的提醒。当他关注到这些提醒时，他不仅记住了这些话的内容，还留意到了父母说话时的语气。他内化了教导他行为的"父母"。

在德鲁的例子中，他可能并没有完全内化父母所说的话和所用的语气。父母在跟他讲话时，态度既坚定又温和，并没有说出"德鲁，坏"这样严厉的话。但就像孩子经常会做的那样，德鲁在回忆时，给自己的记忆添上了一抹自责的色彩。

儿童并不能完全内化现实。有人认为我们的大脑就像摄像机一样，能够准确记录所发生的事件。然而，研究表明，记忆并不是这样工作的。我们会根据自己的观点、愿望和恐惧给自己的经历"上色"，这就是为什么来自外界的现实本源如此重要。我们需要找到可以纠正自己认知的途径。培养边界感的育儿目标之一，就是让你的孩子内心拥有爱与边界感，而不需要父母时刻监督、唠叨或提醒。

因此，当你满怀爱意且持续地为孩子设定并维持边界时，他便开始在心中形成一个"内在家长"，为你分担职责。这个家长形象，也可视作良知的雏形，其内容构成是你的言语和态度，在孩子心中，这仍是"他人"而非"自己"。这就是为什么像德鲁这样年幼的孩子有时会以第三人称跟自己说话。他正在回应那些与你相关的情感记忆。

有时父母可能会过于严厉、专制，甚至虐待孩子。这会在孩子心中形成扭曲且不成熟的良知。有时，孩子会变得抑郁或容易内疚；而有时，他会用严厉的方式——待人刻薄甚至有虐待行为——来反抗内心那个残忍的"家长"。在这种情况下，对良知的培养已经偏离正轨。如果你对此感到担忧，请咨询一位精通儿童心理的人，来判断你是否对孩子过于严厉。

随着良知的形成与发展，孩子逐渐学会依靠内在动力去爱、去行善，而不仅仅是因为害怕受到惩罚。他不想去违背"内在家长"，因为它太像真实的家长了。这是个好消息，因为你无法时刻陪在孩子身边，帮他在游乐场、考试期间或是乘车时做出负责任的选择。因此，请保持一致性，充满爱，关注孩子的变化。如果你和孩子建立了足够好的依恋关系，并且他已经接受了你的边界，那么你的边界就会成为他的边界。

在这个阶段，要避免两个极端：一是过于严格，二是像德鲁的父母那样动摇。我们已经提到过孩子被过于严厉对待的后果，而出于内疚或因害怕起冲突而退让，其结果同样具有破坏性。孩子起初可能会因为父母没有紧盯着他而松一口气，但随后可能会对自己受到的限制感到困惑。他可能会故意做出一些行为来重新引起外界的限制，从而让自己感到安全，或者他可能会产生一种特权感，认为自己凌驾于法律之上，甚至能够逃避法律的制裁。作为父母，你要希望孩子的行为与现实法则保持一致，而不是与被你扭曲的现实保持一致。与了解孩子的人保持联系，帮助你的孩子迈向动机的第三阶段。

价值观和道德观

在与"内心的声音"相处了一段时间后，孩子开始将这些经历以更概念化的形式呈现出来。当他违抗时，他听到的不再是"德鲁，坏"，而是"这样做是不对的"。这是孩子的行为框架的稳定性和心智成熟度得到提高的标志。他开始将你的边界更多地内化为自己的，而不仅仅是照搬你的想法行事。我们称这为价值观和道德观的萌芽，这一重要步骤是构造孩子的信仰体系、人际关系、道德观念及工作态度的基础。

在这个阶段，孩子可能会开始提出许多涉及价值观的问题："这是脏话吗？"或"可以看这个电视节目吗？"。他既在努力理解你的道德观，也在尝试形成自己的道德观。这些时刻非常宝贵，你可以借此向孩子解释，为何你能秉持关于行事法则的特定信念，并帮助孩子就这些问题形成自己的结论。

如果你的孩子仍然处于对后果感到恐惧的心理阶段，这个方法听起来可能像白日做梦，但它确实有效。同时，不要认为到了这个阶段，你就可以停止为孩子设定限制了。他仍然是个孩子，并且正在多个方面以自己的方式努力成长。一方面，他在思考情境道德与绝对道德的区别；另一方面，他却偷偷晚归，满身酒气。要做一名能同时处理多项任务的家长，就要在他需要你的时候从这两个方面提供帮助。

别犯给孩子灌输内疚感和羞耻感的错误。因为他现在已经有了一个在运作的良知系统，它会就他动机的对错给予反馈，所以他每天都有很多事情需要处理。他会特别容易受到诸如"我以为你是个好人，但你竟然还这么做"或"你在学校不努力，真让我丢脸"等话语的影响。这个阶段的孩子很容易因为想避免内疚感或对自己的羞耻感，而刻意去做好人。要不断引导孩子回归现实原则，比如"这违背了我们共同的信念"。

成熟的爱，成熟的内疚感

当你继续帮助孩子内化现实来源时，他会超越对与错的范畴，向着最高的动机——爱迈进。随着他与他人的联系越来越紧密，他开始用依恋框架去思考这些抽象的问题。就孩子存在的本质来说，他是因关系而被创造的，对关系的关注成了他生命中最深刻的动机。对与错的问题仍然非常重要，但孩子会从更加关系化的视角去理解这些问题。

你希望孩子能够从同理心的角度定义"爱"这个人生最伟大的动机，即以自己渴望被对待的方式去对待别人。同理心是爱的最高形式。同理心以外向性和人际关系为基础，促使我们采取关怀行动。

正在内化边界感的孩子需要超越"这是对的或错的"的观念，转而认识到"这会伤害他人"。你需要帮助他形成这样的动机。当他违抗教导时，和他谈谈这样做会带来什么样的后果。换句话说，把"取笑超重的同学不好"转变为"当其他孩子羞辱他时，你觉得他会有什么感受？"。现在，你正在帮助孩子成为自己内心边界的掌控者，由对他人的共情来引导和驱动。

避免过度批评或收回爱。当孩子破坏边界时，如果你严厉批评他或疏远他，往往会使他变得顺从，而不是充满爱意。孩子的顺从是基于恐惧，而非基于爱。他无法自由地选择去爱谁、如何去爱，因为他被失去爱或是受到批评的担忧所驱使。要帮助孩子自由地选择，自由地爱。

结语

在培养孩子边界感的过程中，关于动机的部分，切莫低估我们之前讨论过的促进良好行为的三个动机中的任何一个。你的孩子需要认识到因不负责任而导致不良后果的痛苦，要明白自己的行为是对是错，还要体会到自己的举动可能会给朋友带来的伤害。你也要成为受到这些动机驱使的家长，为你的孩子创造更多机会，让孩子内化它，并真正拥有它。

每位家长都必须正视这样一个现实：设立边界会给孩子带来痛苦。这是下一章的主题。

第 9 章

痛苦亦是礼物

评估定律

有一天,我(克劳德博士)帮助一位妈妈解决如何为她12岁的女儿设置限制的问题。我每提出一个建议,都会遇到阻碍。我对基本限制作出的建议或预设的后果,都会因为各种原因而无法实施:女儿不允许妈妈跟进日程表;这些建议会拖累整个家庭;其他兄弟姐妹会受到不良影响;等等。这位妈妈很擅长向我解释为什么我的建议行不通。

"如果她不能先完成家务,你为什么不禁止她参加聚会呢?"我问。

"哦,如果我那样做,万一我们那时候有别的安排,就得找个保姆来照看她。"

"那就让她自己负责找保姆并付钱。毕竟,这是她造成的问题。"

"嗯,我觉得她没办法找到保姆。而且,我们可能也不会满意她选的保姆。"

一开始，我以为这位妈妈是实话实说。但是，随着我的建议一个个被否定，我意识到我并没有了解真实的情况。她的话并不符合逻辑，于是我停止了为她女儿制定"合适"限制的尝试，而是对她说："说实话，我认为你做不到。我认为你无法在你女儿面前坚持应有的立场。我认为你无法剥夺她的特权和钱。"然后，我只是静静地注视着她。

起初，她以"哦，我当然可以"和"不，真的，我知道她需要这些，我一定会坚持到底"的话语回应我。但我听得出来，这些都是她对我的指责的防御性回答。于是，我一言不发地看着她，等待下文。

终于，她再度开口了，却因痛哭流涕而几乎说不出话来。在稍微平复了情绪后，她说出了真相："我就是不忍心伤害她。看到她受苦，我心里太难受了。如果我剥夺了她的一些东西，她就一无所有了，我真的不能那样对她。她一个人根本没办法应对。"

随着谈话的深入，我明显感觉到这位母亲对女儿的痛苦深感痛心。然而，问题在于，她并不理解这种痛苦。

"你为什么觉得我的建议会伤害她呢？"我问道。

"你没见过我拒绝时她的反应。太可怕了。她会哭，会封闭自己，有时甚至持续很长时间。她感觉被我抛弃了，认为我不再爱她了。"

"还是那个问题，你为什么觉得这会伤害她呢？"

"我刚才不是已经说了吗？我试过，结果却深深地伤害了她。"

"首先，你其实并没有真正试过，"我回答说，"你总是半途而废。而你无法坚持到底的原因，是你不知道如何评估她的痛苦。你认为只要她哭闹，就是你在伤害她。但我认为你完全没有伤害她，反而是在帮助她，只是这个过程对她来说不太好受。"

事实证明，我的观点是对的。这位母亲不知道如何评估女儿的痛苦。简而言之，她分不清受伤（hurt）和危害（harm）的区别。我提出的那些关于设立边界的建议，确实会让她的女儿感到受伤，但不会对她造成实质性的危害。受伤意味着孩子可能因为受到管教而感到难过或自尊心受损，或者失去了她珍视的东西；而危害指伤害了她的身体，或是评判、攻击、抛弃她，或是未能提供她所需的东西而对她造成实质性的伤害。如果想培养出孩子的边界感，父母必须学会区分这两者。

痛苦与成长

育儿和人生的第一课是"成长伴随着痛苦"，第二课则是"并非所有痛苦都能带来成长"。学会区分这两者，是决定一个人是停滞不前还是超越现状的关键。

我在初中打篮球的时候，教练在更衣室挂了一条横幅，上面写着"没有痛苦就没有收获"。在我们训练、锻炼和练习的过程中，这句话成了我们球队的座右铭，有时我们甚至会坚持到自认为无法忍受的程度。

我之前就已经验证过这句话的真实性，但从未像现在这样深刻地理解它。如果我不努力，我就不会把我必须做的事情做得更好。这个经验在我的人生中一直发挥着良好的作用。如果你是一个独立的人，你就会习惯于做一些"痛苦"的事情，以便得到你想要的东西。

例如，撰写这一章时，我感到非常疲惫。我因旅行而感到疲倦，也厌倦了写作。这天是周末，而我并不喜欢在周末工作。此外，我最近的时间管理也不太好，工作进度滞后。但当我写作时，我也明白，只有继续奋斗，才能获得我想要的东西。我希望这本书能够出版，能让家长们看到。如果这本书能畅销，我还可以用收入购买食物。

在深夜写作时，我也会抱怨和哀叹。幸运的是，没有人听到。但如果我打电话给妈妈，向她哭诉写作有多难，如今能顺利做事有多难，生活有多残酷呢？如果她自己也没有界线，对我的痛苦感到"歉疚"，并给我寄来一张支票呢？如果她"充满同情"地倾听，并劝说我不应该把自己逼得这么紧呢？（别担心，这并不会要了我的命。但作为一个很会抱怨的人，我可以让我的共依存型母亲觉得是这样。）我可能会因为得到足够的安慰而减轻了痛苦，甚至可能就此放弃，并对未能完成的任务感到无所谓。

我还记得在六年级时的一天，我曾尝试以这样的方式对妈妈哭诉。当时我得了传染性单核细胞增多症，休了一个月病假。重返校园后，堆积如山的功课让我备感压力。我记得自己对妈妈说："我今天不想去上学了。作业实在太多了，我承受不了。"

妈妈当时说的话，我至今铭记在心。此刻，我仿佛又站在她面前，清晰地看到她的面容，听到她的声音："有时候，我也不想去上班，但我必须去。"说完，她拥抱了我，让我上学去。

我当时又疼又累，痛苦不堪。但妈妈知道，坚持下去并不会伤害我。她评估我的痛苦是由短暂自律带来的，并鼓励我坚持下去。如今，我非常感激妈妈为我设立的边界。如果没有这些边界，我的人生可能会充满半途而废的项目和未达成的目标。后来，我跟她聊起这件事，她告诉了我一些我从未听说过的事。

在我4岁那年，一种儿童骨骼疾病让我的左腿有两年时间无法正常行走。我时而需要依赖轮椅，时而则要戴上约束性的矫正器，拄着拐杖走路。那时候，我几乎无法自由活动，也不能和其他小朋友一起玩耍。

你可以想象，当我的父母看到这些时，心里有多煎熬。但当我播放家庭录像时，却看到一个活泼好动的孩子推着轮椅在动物园里穿梭，参加生日聚会，戴着矫正器和拐杖到处蹦跶。作为一个行动不便的孩子来说，我已经做到了很多。

我根本不知道，为了让我能够自理，父母默默付出了多少。骨科医生曾告诫他们，如果他们总是替我做这做那，反而会"害"了我。医生让他们知道，必须让我自己去承受学习拄拐杖走路、操作轮椅，以及向别人解释身体状况所带来的苦楚。

父母看着我在艰难地努力，心里别提多难受了。他们本来就心疼我这个4岁就失去了像其他孩子一样自由行走能力的儿子。每当我因为戴矫正器而哭泣，或者因为疼痛而难受时，他们都恨不得立刻解救我。然而，他们会在我试图用那条生病的腿走路时（这样可能会导致终身残疾），打我的屁股。妈妈后来告诉我，每次打完我，她都要打电话给朋友哭诉。

妈妈还和我分享了一件事。有一天，我正艰难地尝试着走上教堂的楼梯，她无意间听到有人说："你能相信吗？那对父母居然让他自己这么做！他们也太狠心了吧！"但妈妈坚守住了边界。还有一次，在邮局的大理石台阶上，我的拐杖一滑，整个人重重地摔了下来，我惊魂未定，还受了伤，身上淤青一片，但妈妈依然坚持让我自己爬楼梯。

我又哭又闹，用尽了一个4岁小孩能想到的所有办法，企图操纵爸爸妈妈，让他们别让我承受学习自理所带来的痛苦。但他们坚持了下去，我们一起克服了困难。

最终，我很快就能和其他孩子一样自由活动，过上了相对正常且充满活力的生活，我的腿也逐渐康复了。如今，我非常感激他们让我经历了那些虽然让我痛苦但并未真正危害我的事情。

如果父母把孩子的每一次哭泣或抱怨都视为头等大事，孩子就永远无法培养出边界感和良好的性格。当你的孩子因为作业、家务或因为未尽全力错失机会而哭泣时，你会怎么做？你对这个问题的回答，将会对孩子的人生产生深远的影响。

评估痛苦的4条规则

规则1：不要让孩子的痛苦控制你的行为

帮助孩子建立边界，首先要求父母自身具有良好的边界感。有明确目标的父母会保持对自己的控制力。倘若你的孩子能通过反抗你的边界来左右你的决定，那你就违背了教养的初衷。

特丽和她 13 岁的儿子乔希在作业问题上产生了分歧。我们共同制订了一个计划，要求乔希每晚都要抽出固定的时间来完成作业。在这 1 小时里，乔希必须待在自己的学习区域，除了作业，不能接触任何其他东西，也不能分心去做其他事情。特丽无法控制乔希是否真的会在那段时间学习，但她能确保的是，在那段时间里，乔希只能坐在书桌前做作业，不能做其他任何事情。这是我们之间的约定。

当我再次见到她时，她显得有些难为情。她没有履行自己的承诺。（孩子无法培养出自控力的第一个原因是，父母在执行规则时缺乏坚持。）

"后来怎么样了？"我问道。

"哎，我们原本都安排妥当了，可他突然应邀和朋友去看棒球比赛。我告诉他不可以，还没有学够 1 小时。但他特别激动，我怎么都劝不住。他看起来既生气又难过。"

"那么，"我说，"这不就是他应该有的反应吗？你还记得吗？他讨厌被纪律约束。那你后来是怎么做的呢？"

"嗯，我看得出来这个规定让他太伤心了，我实在于心不忍。所以，我就让他去了。"

"那第二天晚上呢？"我又问道，其实我已经猜到了答案。

"他又开始闹情绪了，情况和之前差不多。他有个做重要事情的机会，错过的话会很遗憾。"

"这么说吧，你是不是根据他在被要求做某事时的感受来判断这件事是对是错?如果他感到难过,你就觉得这件事做错了,是吗?"

"我从来没这么想过,但我认为你是对的。我实在不忍心看到他伤心。"

"那你得正视几个重要的事实了。第一,你的价值观正被一个心智尚未成熟的13岁孩子的情绪所左右。而你价值观的最高准则就是孩子是否生气。第二,你不重视育儿中的一个重要方面:挫折是成长的关键因素。从未经历过挫折的孩子永远无法培养出面对挫折的韧性。第三,你在向他灌输这样一种观念:他有权永远保持快乐,并且只要他哭泣,别人就会满足他的要求。这真的是你的价值观吗?"

她陷入了沉思,逐渐认识到自己行为的严重性。为了做出改变,她必须坚守一条重要的育儿规则:孩子的抗议并不能界定事实,也不能界定是非。孩子感到痛苦并不意味着发生了坏事。相反,也许正在发生好事,比如他第一次真正面对了现实。然而,面对现实的感受往往并不愉快。但如果你能共情孩子的痛苦,同时坚守边界,你的孩子就会内化边界,最终停止抗议。

众所周知的是,孩子在被管教的过程中遇到的挫折和痛苦,能够帮助他学会延迟满足,这也是一个人所能具备的最重要的性格特质之一。如果你能够坚守边界,同时共情孩子的痛苦,那么孩子的品格就会得到塑造。但如果你做不到这一点,未来你还会面临同样的困境。如果孩子因你的边界而产生愤怒,而你想解救他,那么你可以预见,在面对其他限制时,他会更加愤怒。记住，他的抗议行为或痛苦情绪并不能决定什么是对的。

规则2：区分你的痛苦和孩子的痛苦

正如特丽和我后来所发现的，她一直在努力消除自己的痛苦。每当乔希难过时，她也会感到难过。她过度认同乔希的痛苦。小时候，她经历过多次失望，人生中也承受了许多悲伤和失去。因此，每当乔希难过时，她总是认为乔希的悲伤和自己的一样难以承受。她对乔希的悲伤感同身受，甚至到了一种不真实的程度。然而，孩子错过一场棒球比赛所带来的遗憾，并不等同于她小时候所经历的悲伤。

特丽逐渐学会了区分自己的感受与乔希的感受，从而让他能够成长。但这对她来说并不容易，她需要别人的帮助。她联系了一些朋友，让他们在这些时刻支持她。对于那些边界感不强的父母来说，这通常是一个有用的策略。还记得我妈妈在要求我拄着拐杖克服艰难独立行走时，曾不得不躲进另一间房间哭泣，并打电话向朋友求助。你可能也不得不面对类似的情况。请把你对孩子所经历痛苦的悲伤感受与他自身的悲伤区分开来。我们都需要独自承受自己的痛苦。

规则3：帮助孩子认识到，生活不在于回避痛苦，而在于将有益的痛苦转化为助力

基本上，只有当维持现状的痛苦超过做出改变所带来的痛苦时，我们才会愿意改变。当失败的痛苦超过了训练的痛苦时，

我们就会投入篮球训练；当失业的痛苦比工作的痛苦更真切时，我们就会努力提升工作表现；当不做家务的痛苦大于做家务的痛苦时，我们才会学着去做家务。

生活不在于回避痛苦，而在于好好地面对苦难。一个被教导要完全避免痛苦的孩子，在生活中将会遭遇更多的痛苦。由于不尊重他人而关系破裂，是痛苦的；由于缺乏自律而永远无法实现目标，是痛苦的；由于无法控制消费而陷入财务困境，也是痛苦的。

这些痛苦往往源于我们逃避即时挑战、拒绝自律和容易延迟满足的倾向。如果我们能够学会放下短暂的欲望，接受未能如愿时的悲伤，然后适应艰难的现实，那么快乐和成功就会随之而来。让孩子在适当的时候承受一些痛苦，其实是在教给他这一道理。

对比一下那些逃避痛苦的人和勇敢面对痛苦的人在未来生活中会遇到什么（请参阅表 9-1）。

表 9-1 逃避痛苦与直面痛苦的不同际遇

情境	不同人群在未来的际遇	
	痛苦回避者	痛苦直面者
婚姻冲突	● 外遇 ● 责怪 ● 逃回原生家庭 ● 回避	● 学会如何更好地去爱 ● 因未达到期望而感到悲伤，但选择原谅 ● 妥协

(续表)

情境	不同人群在未来的际遇	
	痛苦回避者	痛苦直面者
工作难题	● 辞职 ● 责怪管理者 ● 酗酒或吸毒 ● 无故频繁换职业，开局总是失败	● 接受意见和批评 ● 改变行为 ● 学习新技能 ● 回应权威 ● 解决问题
未实现目标的挫败感	● 拖延 ● 使用酒精、毒品、食物或性来缓解沮丧 ● 放弃 ● 抑郁	● 将其作为一个了解自我的机会 ● 获得实现目标所需的新知识 ● 面对自己的性格弱点 ● 从他人那里得到鼓励 ● 实现精神上的成长
情绪压力、痛苦和丧失感	● 否认导致这些问题的原因 ● 触发回避机制，如成瘾行为 ● 将那些只自我麻痹但不寻求改变的人作为参考	● 接受现实，逐步修复情绪 ● 对信念、支持、哀伤和认知改变等问题，寻求积极的应对方法 ● 专注精神生活

那些在孩子遭受痛苦时选择介入并拯救他们的父母，最终会发现孩子在未来生活中可能会被其他共依存型的人，以及毒品、酒精、进食障碍、购物狂等其他成瘾行为困扰。因为他们教给孩子的是，挫折和逆境不是需要自己去面对、解决和做出改变的事情，而是可以通过利用"即时满足"的"妈妈"或"爸爸"来立刻解决的事情。

父母要教导孩子，痛苦是有益处的。父母要以身作则，直面问题，做出榜样，即使感到悲伤也要继续前行。对孩子面对困难却仍能坚持做正确的事的行为要表达共情，并且要求他继续坚持下去。

我有一个朋友，当她十几岁的儿子提出抗议时，她通常会用同样的话回应："我知道，蒂姆，生活很艰难。但我相信你能够做到。"当这个少年成长为年轻人后，在遇到困难时，他不会想"我要怎样才能摆脱这个困境？"，而是会听到内心有一个声音认同并接纳他的挣扎："我知道，蒂姆，生活很艰难。但我相信你能够做到。"

规则 4：确保那是成长的磨砺，而非缺失或受伤带来的痛苦

我的一位心理学家朋友分享过一段经历。有一次，他的妻子外出一周，留下他独自照顾 3 个女儿，既当爹又当妈。大概在第二天或第三天的早晨，他已经多次催促 4 岁的小女儿为上幼儿园做准备，但她一直在磨蹭。他渐渐感到不耐烦，开始生气了。最后，他威胁说要采取措施，脸上也露出了怒色。就在这时，他突然想到一个问题：如果这是我的来访者，我会怎么做？

他暂时停止了发火，开始思考。如果是来访者，他会先去寻找行为背后的原因。他的女儿平时很听话，所以他猜测女儿这次磨蹭肯定有什么特殊的原因。突然，他明白了，于是问她："你是不是想妈妈了？"女儿听后，瞬间崩溃，开始抽泣，扑进了他的怀里。他安慰她，与她共情，说自己也想孩子妈妈。

朋友抱着她，等她情绪稳定下来后，她抬起头说："爸爸，快点，我们得走了。"然后，她穿上了衣服，一切又恢复了正常。

孩子的行为往往是在传递某种信息，父母需要评估孩子的痛苦，以判断它是源于挫折、需求未被满足，或是受到了伤害。以我朋友的情况为例，正是需求未被满足的痛苦引发他女儿做出了这样的行为，如果只采取设置限制的方法，可能会让孩子感到沮丧。这位有洞察力的父亲评估了女儿的痛苦，并判断这更多是因为想念和需要妈妈，而不是在反抗爸爸。

这种评估在婴儿期尤为重要。婴儿之所以表达抗议，大多数情况下是由于饥饿和孤独带来的痛苦。在生命的第二年，当规则和限制变得更为重要时，能使人变得更成熟的挫折感将体现得更为显著。明智的母亲能够区分婴儿是因为需要更换尿布、需要奶瓶、需要拥抱，还是因为过于疲惫或必须去睡觉而感到生气。在要求孩子面对挫折之前，请确保他的需求已经得到满足。对于婴儿，父母应该首先考虑满足他的需求。

年龄稍长的孩子行为不当，不仅仅是因为叛逆或逃避现实，还可能是出于以下这些合理的原因：

- 受到了来自父母和他人的情感伤害；
- 在关系中感到无力以及无法很好地控制自己的愤怒；
- 受到了创伤，如失去父母，或者可能在某处遭受过虐待；
- 医学和生理原因；
- 精神问题，如注意缺陷障碍、抑郁或思维障碍；
- 家庭结构、日程安排或生活方式在近期发生了变化。

所有这些都是孩子出现行为不端的合理理由。在判断孩子需要承担现实后果之前，你必须先排除这些原因。这些原因不会让孩子免于面对现实，就像我跛脚的故事所揭示的那样。但是，行为背后的情感因素和行为本身一样重要。你可能需要带孩子去看一位优秀的儿科医生，以确保他的身心健康；或者，如果你推测除了边界问题，还存在其他更深层次的问题，就应该带孩子去看儿童专家。

如果父母让孩子感到气恼或怨恨，孩子往往不会对边界做出良好反应。请审视自己，看看你是否有以下行为：

- 过度控制孩子的生活，以至于他在生活中没有控制权或选择权；
- 利用愤怒和内疚感来管教孩子，而不是同理心和后果；
- 不满足孩子对爱、关注和时间的需求；
- 不肯定孩子的成功，只对他的失败发表评论；
- 过于苛求完美，而不是对他付出的努力和将要前进的方向感到欣慰。

在评估孩子的痛苦时，确保它不源于真实的伤害和创伤，也不源于不需要真正进行管教的事物，同时也确保它不是由你造成的。为人父母，难免偶尔会给孩子带来痛苦，重要的是认识到自己的过错并道歉。犯错没关系，重要的是勇于承担责任，而不是将因自身失误而导致的后果归咎于孩子。

以之为乐

磨砺宝石，能使其光滑、闪耀；用高温冶炼，能让黄金的纯度更高。训练能让运动员更强壮，延迟满足和学习之苦能培养出出色的外科医生。同样，学会面对挑战能磨砺孩子的性格，对奖赏的期待则促使孩子好好表现。生活中的考验和痛苦，是塑造我们应对人生所需品格的必要手段。

你需要评估孩子的痛苦，若他真的有需求或受了伤，请立刻伸出援手。但如果他只是在抗拒成长所带来的现实挑战，请对他的难处表示共情，妥善处理他的情绪问题，但也要让他自己去克服。日后，他会感激你的。

当孩子学会珍视生活中的痛苦而非逃避时，他就已经准备好自己去解决问题了。但你的目标是让孩子在这个过程中主动出击。在下一章，我们将讲述如何实现这一目标。

第 10 章

不必一直发脾气
主动定律

我（汤森德博士）居住的街区的很多户人家都有孩子。在下班后、晚饭前的这段时间，我最爱的消遣活动就是召集一群孩子，在街上打威浮球。我们会在沥青路上用粉笔画出垒位，用塑料球棒击打泡沫球，这样既不会打碎窗户，又能玩得特别开心。

在一次比赛中，6 岁的德里克被三振出局。他生气地把球棒一扔，大喊：“你们都是笨蛋，我恨你们！”然后就气呼呼地跑回了他家门前，坐在台阶上瞪着我们。

我担心德里克心里难受，于是暂时离开赛场，走到他身边，想劝他回来一起玩。但他根本不买账，反而躲得更远，转过身不理我们了。我只好放弃劝说，重新回到赛场上。德里克错过了和大家的欢乐时光，他的朋友们也失去了与他相处的机会，我感到很遗憾。不过，没过多久，德里克就自己站了起来，走到外场，好像刚才的事情没发生过一样，继续投入比赛。

过了几个晚上，我们临时组织了一场比赛。德里克又没接住球，同样的戏码再次上演。他又发了一通脾气，再次离开。我们调整了人员配置，继续比赛，等德里克冷静下来，他又回到了我们中间。

一开始，我觉得这没什么大不了的。他需要时间来平复情绪，他只是在照顾自己的感受。但后来，我渐渐意识到了一些事情。首先，德里克在逃避比赛中遇到的一切问题。他从来不面对挫折、失败，也不想提升技能。他总是先发一通脾气，从而错失了学习的机会。其次，他的朋友们不得不适应他的不成熟。问题出在他身上，却要他的朋友们来承担后果。从他们的表情和言语中，我能看出他们对德里克的行为感到不满。我为他未来在友谊上可能会遇到的问题感到难过。

等再次见到德里克时，我停下来和他聊了聊："德里克，很抱歉你在比赛中感到不愉快。学习一项新运动并不容易，如果你总是离开，你不仅会错过乐趣，其他孩子也会失去一名队友。所以，我制定了一条新规则：在游戏中感到沮丧是可以的，我们会帮助你分析困难，但不可以离开。如果你这样做，就不能参加剩下的比赛了。我希望这个规则能帮你坚持和我们一起玩，因为我们都很喜欢你，也很想念你。"

德里克装作没听见，但我已经把话说得很清楚了。

第二天，我和孩子们又组织了一场比赛。令我失望的是，当德里克没接住球时，他又像之前那样发起了脾气，然后离开了。其他人继续比赛。几分钟后，德里克悄悄地走到右场，像往常一样站在那里。我停下投球，走到他面前，说："抱歉，德里克。

下场比赛再见。"他非常生气，发誓再也不和我们一起玩了，然后离开赛场，回家去了。

我担心德里克父母的反应，于是给他们打了电话。他们非常支持这项规则。他们也认为德里克的行为存在问题，但不知道该如何解决。

几天后，当德里克再次出现这种情况时，我仍然坚守了原则。

终于，在第三次时，德里克有了转变。当他在二垒被淘汰出局时，他提出了抗议，但这次他很快安静了下来，继续比赛。你可以看到他挣扎的表情，他在努力控制自己的情绪。我和孩子们都为他能留下来而欢呼，然后我们继续比赛。可以看出德里克也为自己感到骄傲，他更能控制自己的行为和反应了。

德里克体现了在养育孩子和设立边界时普遍存在的问题：在被动反应与主动应对、在愤怒地抗议与成熟地处理问题之间的挣扎。孩子需要学会区分不成熟与成熟的表现。你的职责是帮助他发展出设定合理边界的能力，同时避免情绪失控或冲动行事。

当孩子被动反应时

孩子并非天生就能做出经过深思熟虑的、有意识的举动。他难以接受被拒绝，很快就会打退堂鼓，面对需要付出持久努力的任务，他会因气馁而放弃，甩手不干。他往往是被动应对压力，而非主动出击。你常常会注意到，从他遇到问题到采取行动，时间间隔很短，而且他的行动往往对解决问题没有帮助。德里克的真情流露既没帮他学会打威浮球,也没让他和其他孩子相处得更好。尽管孩子可能在向不对劲或不好的事情表示抗议,但他的反应依然显得不够成熟。

你的孩子可能会表现出以下反应性行为:

- 发脾气。原本笑容满面、开心快乐的孩子,在你说"不"后(例如,在麦当劳拒绝他购买玩具的请求时),瞬间变成歇斯底里的尖叫狂人。其他顾客纷纷投来异样的目光,为了不让他们认为你在虐待孩子,你只好匆匆买下那个玩具。
- 反抗。孩子会对你的话或要求都持反对态度。他拒绝打扫房间、收拾自己的东西、做作业或进屋。
- 抱怨。当碰到你的边界或其他限制时,孩子会立即开始委屈地抱怨。你无法与他讲道理,他可能会抱怨好几个小时。
- 冲动。当被拒绝时,孩子会跑开、说些伤人的话,或以某种方式迅速发泄情绪。在超市购物时,你让他过来找你,他却猛地冲向旁边的过道。
- 打斗与暴力。孩子的愤怒反应会表现为肢体上的冲突。他很容易被激怒,在学校表现为与人打架,在家表现为乱扔东西。当感到沮丧时,他会折磨年幼的弟弟或妹妹。

儿童反应性行为有几个共同要素。第一,儿童的反应是被动的，而非主动的。也就是说，他的行为是由某些外部影响决定的，而非他内在的价值观或想法。处于这种状态中的儿童总是在不断抗议其他事物，比如父母的权威，延迟满足的要求，或是不能按自己的意愿行事。他不会主动解决问题、满足自己的需求或帮助他人满足需求。相反，他依赖于外部的动力。

第二，儿童的反应性行为具有对抗性。也就是说，他反对的那些事物，是自己不喜欢的事物，而不是自己渴望或珍视的事物。儿童的反应性行为体现为总是在抗议，就像餐厅里，他会拒绝父母提出的每一种食物。孩子利用自己反对的自由来使父母沮丧，旨在阻挠父母对自己的控制。

第三，儿童的反应性行为不是由价值观驱动的。精神和情感成熟的标志之一是能够根据自己的价值观做出决定。然而，从本质上讲，儿童的反应性行为并不是经过深思熟虑的。就像医生用橡胶锤轻敲你的膝盖时发生的膝跳反射一样，儿童的行为并不是由大脑中更高层次的负责认知或价值观的部分所调节的。当家长试图叫回一个 3 岁的愤怒的孩子时，他反而会冲进满是车辆的街道，这令家长感到震惊。孩子的行为是自发且不明智的，如果父母不帮助孩子学会自我控制，孩子就会变得易怒且容易冲动行事。

反应性边界：有必要，但还不够

此刻，你可能会认为反应性边界对孩子的成长不利。然而，事实是，它在孩子的成长过程中有着特定的作用。让我们来看看这究竟是怎么回事。

必要性

乍一看，孩子的真正需求是令人困惑的。孩子的反应性边界并非坏事；事实上，它对孩子的生存和成长至关重要。孩子需要能够对他不喜欢、反对或害怕的事物提出抗议。否则，孩子将面临无法进行自我保护的巨大危险，更不用说变得自洽或成熟了。

对不好的事物提出抗议是孩子的基本权利。如果孩子不能避开对他不利的事物，就无法保留和运用他所接受到的爱。抗议有助于孩子定义自我，保留好的事物，排除坏的事物，并培养出对自己的"宝藏"负责的能力。

孩子需要学会在危险时提出抗议，比如在操场上被欺凌的孩子必须大声呼救或逃跑以寻求帮助。如果孩子的需求得不到满足，他也必须提出抗议，比如3个月大的婴儿在需要食物或安慰时会通过大声啼哭抗议来提醒妈妈。

然而，孩子抗议的并不全是坏事。生活中有许多问题和障碍并非邪恶或危险的。例如，孩子可能会抗议你不给他买任天堂游戏机，或者没有分到他想要的老师，或者被禁足。这些大多是孩子需要自行解决的问题。他可能需要倾诉、反击、谈判，可能需要表现出屈服、耐心或哀伤。孩子需要学习解决问题的方式，才能成长为成熟的成年人。

抗议能提出问题，但不能解决问题。这就是反应性边界与主动性边界之间的区别。反应性边界表明有事情需要处理，而主动性边界则是修复已经出现的问题。反应性边界往往受情绪驱动，让行为变得冲动且缺乏深思熟虑；而主动性边界则以价值观为基础，具有反思性，并以解决问题为导向。

在一本帮助孩子控制行为的书中，支持孩子表达抗议可能看起来有些疯狂。然而，那些不具备抗议能力的孩子，即那些顺从型孩子，往往会在日后遭遇困境。一些孩子在成长过程中会被更有攻击性的上司、配偶或朋友所支配和操纵，由于不会拒绝不好的事，他们往往会被人利用。另一些孩子则会在成年后才形成反应性边界，并在 35 岁左右经历极为动荡的时期，他就像 2 岁小孩一样发脾气。我们要依次经历成长的各个阶段，这些阶段是不能跳过的。如果能够正确应对这些阶段，就能走向自由和成熟。

当我的小儿子本尼 8～10 个月大的时候，我用勺子喂他吃捣碎的西蓝花。那天我刚下班回家，还没来得及脱夹克。我压根没察觉到本尼其实对西蓝花不感兴趣，但他自有他的方式来让我明白。

本尼不是通过主动表达来传达这一点的。他没有开口说："爸爸，我不喜欢吃西蓝花，我们能商量一下吗？能不能换种食物，让我从别的食物里获取必要的营养？"他像很多婴儿对待西蓝花那样，直接把它吐了出来。我的夹克遭了殃，承受了他的反应性边界带来的后果。这次以及许多类似的经历，让本尼学会了如何掌控自己的情绪、体验和"宝藏"。

孩子形成反应性边界的原因有很多。比如他感到自己无能为力、孤立无援，所以会被动做出反应；他的性格还不够成熟，因此无法很好地做到延迟满足，也无法对冲突进行深入思考；他无法观察自己和他人，因此在遇到挫折时，会不假思索地迅速应对，而不考虑后果。

通过一系列能力和技能的培养，反应性边界会转变为成熟、充满爱的边界感和行动。

- 孩子出生时充满恐惧和无助。他害怕受伤、失去爱或死亡。他几乎没有照顾和保护自己的能力。
- 孩子因恐惧而变得顺从。由于害怕反抗带来的结果，他不得不接受一些自己不愿意的事情，比如无法满足所有欲望，遭受挫折，远离父母，甚至遭受虐待。
- 如果孩子得到了足够的爱，感到了安全，他就会放心地表达对不喜欢或不想要的事物的不满。
- 他会设立反应性边界，并通过哭泣、发脾气或其他不端行为来表达抗议。
- 这些边界使他能够定义自己，并识别出需要解决的问题。他开始自由地表达自己的意见，无论是赞同还是反对。
- 在父母的支持和引导下，孩子会发展出主动性边界，这些边界基于持续增长的动机水平（见第 6 章）。孩子不再需要发脾气，因为他不再感到无助和受控制。他能够掌控自己。

有限性

从上文中我们可以看出,反应性边界对于让成年人过上成功的生活是不够的。它确实能保护你的孩子,帮助他远离坏事,但反应性是一种状态,而不是特性。

反应性边界之所以作用有限,其中一个原因是,那些从未突破反应性边界的孩子会一直把自己当成受害者。成年后,他们容易受到配偶、雇主或官方等外部力量的控制和压迫。他觉得自己别无选择,因此感到无助。他认为生活中的大多数困难都来自外部,而不是内部。因此,他永远无法改善自己的生活,因为任何源自外部的问题都不是真正可解的。我们的大部分痛苦要么源于自己混乱的态度,要么源于我们对他人混乱的回应。当明白这一点时,我们就能够自由选择了。

反应性边界作用有限的另一个原因是,我们不能仅凭孩子厌恶的事物来给他下定义。反应性边界只能帮助孩子应对他反对的事物。一直处于反应性阶段的孩子在结交朋友,与权威相处,实现目标,发现天赋、兴趣以及激发热情方面都会遇到困难。他过分专注于"反对"的一面,而无法发展出"支持"的一面。例如,德里克在结交朋友方面遇到了问题,因为他给人留下了不遵守团队规则和拒绝团队合作的印象。

如果你的孩子对所有事情都表现得顺从和沉默,那也可能存在问题。就像本尼一样,他可能也需要一些"西蓝花"式的清理!而且,最好是在现在,而不是在他的婚姻中。鼓励你的孩子独立思考,表达不同意见,谈论自己的感受,同时接受你的权威。反应性有助于孩子寻找和发现自己的边界。一旦他找到了这些边界，知道了自己不喜欢什么，他就不能通过回避问题、逃避责任或报复来放任自己的感受了。

主动性边界

在过去的几个秋季赛季里，我一直担任青少年足球教练。在训练的第一天，我见到孩子们，开始训练他们的技能和战术。几分钟之内，我就能判断出哪些孩子拥有反应性边界，哪些孩子拥有主动性边界。那些拥有反应性边界的孩子不喜欢听从指挥，会互相挑衅，爱打架，容易生气，并且很快就会对他们不擅长的训练感到厌烦。你希望他们能在赛季中有所进步。而那些拥有主动性边界的孩子会集中注意力，在失败中学习。如果他们不喜欢某事或有什么需求，会主动说出来。例如，一个拥有反应性边界的男孩会因为训练太辛苦而感到疲惫，并大声抱怨教练太苛刻。而一个拥有主动性边界的男孩则会向教练请求休息一会儿或要些水喝。

主动性边界源于孩子反应性边界的成熟。以下是主动性边界的表现，以及帮助孩子培养主动性边界的一些方法。

主动性边界的重点不仅在于识别问题，更在于解决问题。你的孩子需要知道，在表达抗议时，他只是识别出了问题，而没有解决问题。发脾气并不能解决任何问题。他需要利用这些感受来激励自己采取行动，解决眼前的问题。他应该思考自己该如何回应，并选择最佳方案。

为了帮助孩子完成这项任务，可以利用他所具有的反应性边界。对他的愤怒和沮丧表示共情，但要让他知道，解决问题的唯一方法就是靠他自己。你可以这样说："我知道，当你不得不关掉电视开始做作业时，你会很生气。学习没有玩乐有趣。但是，如果你因为看电视的事情跟我争执，那你就会被罚一周不准看电视，我想你应该不希望这样吧。所以，你有没有什么办法，既能表达失望，又能按照我说的去做呢？"经过几次尝试后，他应该会相信你是在认真对待自己设下的边界。告诉他，他可以得体地让你知道他讨厌做作业。这时，孩子往往会一边从沙发上站起来，拿起铅笔，一边说出那句标准的"哦，妈妈，我讨厌做作业"。

记住，你的任务不是让他欣然放弃看电视而去做作业，而是鼓励他承担责任，去做正确的事情。他需要有自己的观点和感受，这样他才能发展出自己的独特性。有些家长和教师会要求："按我说的做，并且还要喜欢这么做！"他们要求孩子在行为和态度上都要表现出服从。这些人忽视了孩子的感受，比如愤怒或气馁。

主动性边界既包含孩子赞成什么，也包含孩子反对什么。虽然反应性边界有助于孩子识别出"非我"以及他不喜欢的事物，但想要变得成熟，所需的远不止于此。孩子需要知道自己是什么、不是什么，喜欢什么、讨厌什么。当他发展出自己爱的事物，如亲密的友谊、兴趣爱好、任务和才能时，他会被好的、正确的事物驱动和激励。

家长可以帮助孩子发展主动性边界中的"赞成"方面。一个允许存在反应性边界问题的环境往往是很好的学习场所。当孩子在抗议和表达不满时感到安全，他也会更愿意倾听父母的教导。告诉孩子："我理解，你因为今晚不能和朋友外出而感到生气。但我们认为，花一定的时间与家人相处和做作业对你来说更重要。我们拒绝你的外出请求，并不是为了故意刁难你。"

在我认识的一个家庭中，7岁的泰勒和他的妈妈正经历着一场激烈的权力博弈。妈妈说的任何"可以做"或"不能做"的事情，他都会反抗。他的反应性边界清晰且一致。最终，妈妈走进他的卧室去和他谈话。在她推开门的瞬间，门框上方放着的一个杯子倾倒下来，杯中的牛奶将她从头到脚淋了个遍。

任何一位家长在遇到这种情况时都可能会对孩子大发雷霆。然而，泰勒的妈妈带着满脸牛奶，说道："儿子，这件事真的很严重，我得花点时间想想该怎么处理。稍后我会告诉你。"在接下来几个小时里，泰勒如坐针毡，陷入了忐忑不安的等待中。妈妈给爸爸打了电话，并制订了一个计划。这个计划包括限制泰勒的玩耍时间，比如不能看电视、减少户外活动和与朋友相处的时间，以及泰勒要承担的后果，比如清洗地毯和学会用洗衣机洗妈妈的衣服。

另一件事情促使了泰勒的反应性边界向主动性边界的转变。为了避免让自己看上去像坏人，他笑着和爸爸调侃了这件事："爸爸，这不是很有趣吗？"

爸爸板着脸回答说："不，这很恶劣，儿子。你因为生气而做得太过分了。你妈妈很难过。"

"但我是在电视上看到的，那是一个不错的恶作剧。"

"泰勒，"爸爸坚定但不严厉地说，"我真的不想谈论这个行为中任何有趣的部分。这根本就不好笑。"

几小时后，妈妈偶然听到泰勒对小妹妹说："不，凯莉，别笑！牛奶恶作剧并不好笑。这会伤害别人。"泰勒对凯莉的边界与他对妈妈的边界截然不同。这是基于爱意的，并且是有意识的边界。在经历了妈妈给予的严厉后果，以及爸爸用语言表达出的边界后，泰勒正在慢慢改善自己的反应性边界，变得更加具有同理心。他开始关心他人的感受。

这种转变往往发生在你对孩子的反应性边界表示共情，但没有屈服于它之后。你的孩子会接受你充满爱意的边界，并放宽自己严苛的边界。在这样的事件之后，孩子有时会出现一段"表现极好"的时期。他会主动帮助别人，或者毫不抵抗地服从。如果你之前曾疏远过孩子或对孩子进行过攻击，那么在这段时期，他可能是在试图与你重新建立联结。但如果你一直保持着与孩子的依恋关系，那么孩子虽然很可能已经察觉自己触碰到了你的边界，但他不再那么害怕失控和冲动，而是感到安全。这进而会让他对家人产生感激和温暖之情。再次强调，这就是主动性边界的本质。

主动性边界意味着他人无法控制孩子。那些拥有反应性边界且总是抗议的孩子仍然在依赖他人。他就像弹珠一样，在父母、兄弟姐妹和朋友之间弹来弹去，抱怨别人对他的不公。他的感受和行动是由他人的所作所为激发的。然而，拥有主动性边界的孩子不会被他人的控制所驱使。他拥有"内部控制点"，即他如何看待生活、做出决策以及对环境做出反应，都是由他自己内在的价值观和现实情况所决定的。

你可以帮助孩子培养成熟边界感的这一重要方面，即当他处于反应性的"抗议模式"时，要记得确认他的感受，但也要坚持你的限制或预设的后果，然后对他说："你知道吗，你越是跟我对着干，你做自己喜欢的事情的时间就越少。马上要到睡觉时间了。如果你愿意，我也愿意停止争吵，这样你就可以去玩了。你觉得呢？"如果孩子还没打算停下来，他觉得你不是认真的，不要屈服，也不要继续争吵，要坚守你的立场。最终他会意识到，只要他一直花时间表示反抗，你就掌控着他宝贵的时间。玩耍的时间变少，不得不去睡觉，这会帮助他理解关于时间管理的原则：珍惜每一个机会。

通常，"敏感的孩子"在培养边界感时会面临困难。无论是客观存在的还是主观感知的，他人不友善的态度都很容易伤害他。他会向母亲寻求安慰，母亲会尽力安抚他，然后他又会在外受伤。等到了上学的年龄，那些更强势的孩子会嗅到他的"气味"并欺凌他。他就会成为"软柿子"。

敏感的孩子往往极度依赖他人的反应，而不是自己的价值观。如果每个人都对他友善并赞同他，那么在他看来，这个世界就是美好的。他有一个天真的愿望，那就是与所有人亲密无间，没有任何分离或冲突。如果你的孩子有这种倾向，你需要帮助他利用主动性边界来获得更多的内在控制，从而摆脱痛苦。

我的朋友简的女儿就有这个问题。9 岁的布里塔妮总是哭着回家，因为觉得别人对她很刻薄。简会去了解情况，有时别人确实刻薄，但有时他们只是做了孩子们常做的事。简花了很多时间安慰布里塔妮，并鼓励她去解决与朋友之间的问题，但并没有奏效。她和我聊了聊。我们发现，在不知不觉中，简不仅没有成为解决布里塔妮困境的钥匙，反而成了问题的一部分。

简会专心地倾听布里塔妮讲述她经历中的每一个想法、感受或行动，有时甚至会持续数小时。无论布里塔妮讲完一天的经历需要多长时间，简都会耐心地倾听。虽然这对她来说是一种负担，但简认为布里塔妮只是需要更多的亲子时间。然而，布里塔妮与妈妈一起处理情感问题所需的时间远远超过了她的姐姐和哥哥。

简的纵容让布里塔妮非常依赖妈妈。由于简总是在身边，布里塔妮并没有能够照顾好自己的自信。当她的朋友和她争吵时，布里塔妮就没有内在力量可以依靠。她会感到不被爱和无助。她觉得自己被朋友们控制了。而且，在不知不觉中，她也控制了简，因为简没有与女儿保持边界。布里塔妮没有控制属于自己的东西（她与朋友的关系），却试图控制不属于她的东西（简的时间）。因此，布里塔妮一直处于反应性边界的状态中。

意识到这一切后，简坐下来对女儿解释道："亲爱的，我爱你，我也很享受我们在一起的时光。但我确实没有足够的时间去关注你的每一个想法和感受。而且，我也希望你对自己的情绪负责。我知道你可以自己思考并处理它。所以，从现在开始，我每天晚上会抽出 20 分钟作为分享时间，到时间就会结束分享，除非有急需解决的重大问题。所以，你一定要告诉我你最想让我知道的事情。"

当然，这并不是简给布里塔妮的全部时间，但这是唯一被固定下来的时间。布里塔妮不喜欢这样，并试图打破这个限制，但简坚持了下来。之后简看到布里塔妮在友情方面逐渐变得更加自信，也很少哭了。布里塔妮在照顾自己方面变得更加主动。有几次，这个小女孩甚至因为忙于其他事情而忘记了和妈妈的分享时间。布里塔妮不再受他人控制，她的妈妈也是如此。记住，每个人都要承担起自己的责任。俗话说得好，如果想纠正孩子，先要纠正父母。

主动性边界不是关于报复和公平的，而是关于责任的。反应性边界遵循的则是"以眼还眼"的规则。比如说，一个孩子推了另一个孩子，另一个孩子就会推回去。这种以相同行为作为回应的做法，是出于正义和报复的动机。然而，主动性边界更多地关注更高层次的动机，如责任、正直和对他人的爱。你的孩子应该致力于约束自己和他人的恶，而不是去报复。这也包括对公平和正义的要求。

我们支持孩子学会照顾自己。例如，自卫课程可以帮助孩子学会保护自己，并对自己与其他孩子相处的能力充满信心。然而，我们不支持孩子在生气时与人打架的想法，这混淆了反应性边界与主动性边界。

反应性边界要求报复。许多好斗的成年人，如果不进行权力斗争就无法保住工作或维持婚姻，他们从未摆脱过这种源自儿童时期的反应性立场。他们无法放下怨恨或伤痛，就这样继续前行。主动性边界的作用则完全不同。拥有主动性边界的孩子不会让自己被利用或受到伤害，但他并不是操场上反抗每一个欺凌者的斗士。认清两者差异的一个好方法是：在反应性边界下，你会与那个总是惹你烦心的朋友打架；而在主动性边界下，你会确认自己不需要那种朋友。

父母面临的另一个相关问题是对公平的诉求。例如，当你的孩子对某些问题的反应是"这不公平！"时，你可能会因为没有做到完全公平而感到内疚，或者与孩子联合起来对抗坏朋友或坏老师，这会使孩子一直处于反应性阶段。他会觉得自己是受害者，并在某种程度上期望世界变得公平。事实上，你应该告诉孩子："你说得对，很多事情都不公平。而且，有时候你明明该受惩罚，我却放过你，这也不公平。你的需求对我来说很重要，但绝对的公平是不存在的。在这个家里，只要你好好的，对你来说就已经足够公平了。"这有助于孩子将注意力集中在满足自己的需求上，而不是去评判世界对他是否公平。

培养主动性边界的技巧

主动性边界是随着时间的推移逐渐被习得和培养起来的，

就像从反应性边界的矿石中提炼出纯金一样。你需要教给孩子一些技能,当这些技能与他的反抗立场相结合时,他将成为一个能够自我控制、以良好价值观为导向的人。下面列出了一些这样的技能,请根据你掌握这些技能的程度来教孩子。如果你还不具备这些技能,就让孩子知情,并一起努力掌握它们。

时机很重要。不要在你们还在争执不休的时候传授这些技能。等你的孩子处于愿意学习的状态时再进行,这通常是在他多次试图突破你的边界但遭到失败后。

- **暂停,不要再继续做出被动反应。** 当你的孩子立即表示抗议时,让他重复几次他想要做的行为,每次都和他好好谈谈,直到他明白自己不必立即做出被动反应。那个生气时猛摔门的孩子需要意识到,即使他很生气,他也能够轻轻关门,不论是 20 次还是 30 次。
- **观察。** 帮助孩子成为自己的观察者。一起回顾整个事件,帮助他看到挫折之外的其他事实。
- **视角。** 孩子需要你对他的愤怒和狂躁有所回应,因为他认为自己的感受是绝对真理。要帮助他认识到感受仅仅是感受,它会消失,并且不总是现实情况的真实反映。而且,他人的感受也很重要。
- **解决问题。** 帮助孩子找到能解决问题或满足需求的其他选择。"如果博比不和你玩,试试找比利玩怎么样?"
- **现实。** 帮孩子学会妥协,并协商出不是非黑即白的结果。

他需要知道，他的需求不可能被完全满足，足够好就够了。例如，他可能不是学校戏剧舞台上的主角，但被分配到的角色也很不错。

- **主动**。你的孩子需要明白，他如果不能主动解决问题，就会永远只能对同样的问题做出被动反应，而无法找到解决之道。听听广播中的谈话节目：为什么人们每天都在抱怨同样的事情？不要强化抱怨行为，要鼓励他成为解决问题的人。
- **求助其他人**。如果你已经尽力了，但还是不知道该怎么办，那就向你信任的人求助。不要做孤胆英雄式的父母。

结论

父母总是需要为各种事情操心。如果孩子从未发过脾气，你会担心；如果孩子爱发脾气，一直处于被动反应的状态，你也会感到忧虑。你可以用充满爱且坚定的态度，帮助孩子将他的反应性边界转化为基于爱与现实的主动性边界，让他学会掌控自己的生活、性格和道德感。

如果说有什么会侵蚀孩子的诚实与自控力，那一定是说别人闲话，也就是心理学家所说的"三角化"（在家庭关系中，又引入了第三方）。在下一章中，你将学习如何帮助孩子在人际关系中表明自己的边界。

第11章

当我感恩时，我会更快乐

嫉妒定律

"但苏西有一个！"

"我厌倦了。"

"我玩腻了这个玩具，我想要那个。"

"这不公平，乔伊就能玩！"

如果这些话听起来很耳熟，那你一定处理过与嫉妒相关的问题。如果你有孩子，那你一定处理过孩子的嫉妒情绪。嫉妒是人类最基础的情感，某种程度上，所有人都会嫉妒。但并非所有人的嫉妒程度都相同，它也不能支配每个人的生活。看看你周围的成年人，试着观察嫉妒是如何在你认识的一些不快乐的人身上发挥作用的。嫉妒的人往往有以下特征：

- 渴望拥有越来越多的物质财富；
- 对配偶感到厌倦，想要一个更有新鲜感的伴侣；
- 无法感到满足，无法享受自己所拥有的东西；

- 爱攀比；
- 过分看重职位、权力、地位和金钱；
- 对自己的工作或职业持续感到不满；
- 对有权力、有地位、有才华或有财富的人持批评态度；
- 嫉妒比自己阶层高的人；
- 认为自己应该享受特殊待遇，希望全世界都认为自己"很特别"；
- 觉得自己不应受到批评或质疑。

然而，最可悲的地方在于，嫉妒的人内心总是感到空虚。没有什么能让他们满足，没有什么能让他们感到充实。无论他们取得什么成就或得到什么，都会觉得有缺憾，生活中永远缺少满足感。

对孩子而言，嫉妒就是无尽的"想要更多"。这在某种程度上是正常的，但随着孩子成长并培养出边界感，这个问题会逐渐消失。本章的目的是教你如何将孩子正常的嫉妒情绪转化为接受、感恩和满足的心态。

优越感与感恩之心

要选出哪种性格给人们的生活带来的苦难最多，实属不易。但要列出一份清单，却也不难。可以肯定的是，最具破坏性的性格特征之一，必定是"优越感"。所谓优越感，就是一个人觉得自己仅仅因为存在，别人就对他有所亏欠，或者应该给他特殊待遇。

具备这种性格特征的人觉得自己有权享有特权、特殊待遇、别人拥有的东西、尊重、爱或任何他想要之物。当他得不到想要的东西时，就会觉得没有给他这些东西的人是"错的"。他会抗议，好像自己受到了他人、组织或是任何持有他所求之物者的不公待遇一样。他满心都是"你应该"的想法，并且总是向他人索取。

成年后，这类人在工作中往往觉得自己有权得到晋升、加薪或其他未曾获得的特殊待遇。在婚姻里，他常常埋怨配偶为他付出得不够，或者没有满足他自认为必要的需求。久而久之，雇主和配偶会对他的抱怨和指责感到厌倦，最终也会对他本人感到厌倦。

孩子最初觉得自己有权控制一切。他必须立刻得到想要的东西，否则就会提出抗议。在生命的早期，婴儿确实需要即时关注和照顾。但随着他得到这些并渐渐长大，会产生优越感，并且不适应现实以及家庭、游乐场或学校里其他人的要求。这时，优越感就会变成一种令人厌烦的特质。

接下来，孩子会觉得他有权免受痛苦、不工作，或不用适应规则和限制。

之后，孩子会觉得自己有权拥有别人拥有的东西。因此，我们常听到这样的抱怨："既然苏西能去，那么我也可以去"或"苏西有一个，为什么我没有？""如果别人有，我也应该有"。这些是他一直抱有的想法，并试图强加于人。我们经常能看到这样的情景：一个孩子正开心地玩着一个玩具，似乎玩得很尽兴，但一看到别的孩子手里的东西，他手里的玩具就突然变得不那么吸引人了。孩子会嫉妒别人拥有的东西，瞬间对自己手中的东西失去兴趣。如果得不到别人的东西，他就会抗议，觉得自己理应得到它。

　　嫉妒心和优越感的对立面是感恩。感恩源于我们在无偿获得事物时的感受，不是因为我们理应得到，而是因为有人对我们慷慨相赠。我们心怀爱意，充满感激，珍视所获得的一切。但更重要的是，我们感到"能拥有这些真是太幸运了"。这与那种"只拥有这些就吃亏了"的优越感和嫉妒心截然不同。心怀感恩的人快乐且充满喜悦，而心怀嫉妒的人则痛苦且充满怨恨。与善妒又充满优越感的人相处是件糟糕透顶的事情，而与懂得感恩的人相处则非常美好。

　　嫉妒和感恩这两种状态与一个人实际得到的东西几乎没有关系，两者更多地与人的性格有关。如果你把东西给充满优越感和嫉妒心的人，对他或你都没有好处。他只会觉得你终于还清了欠他的人情债。如果你把东西给懂得感恩的人，他会为自己如此幸运、你如此善良而感到不知所措。父母需要帮助孩子克服优越感和嫉妒心，转向感恩的心态。

两个"妈妈"和两个"爸爸"

　　当孩子来到这个世界时，会对人际关系的本质感到困惑。

他不认为自己是在与一个特定的人打交道。在他心里有两个妈妈，而不是一个；或者有两个爸爸。一边是好妈妈和好爸爸，另一边是坏妈妈和坏爸爸。好的那个会满足他的需求。当他感到饥饿或需要帮助时，他会求助，然后好妈妈就会出现，缓解他的压力。当他得到满足后，就会将妈妈视为"好"妈妈。但如果他没有得到想要的东西，妈妈让他的愿望落空，她就会被视为"坏"妈妈。你可能还记得这种情形：孩子听到"不行"后，叫"坏妈妈"表示抗议。这种分裂的情况并不罕见，甚至是普遍存在的。

有些成年人仍然没有解决这个问题。如果你按照他们的意愿行事，他们就会非常爱你，把你视为好人。但如果你拒绝他们，他们就会因为你没有满足他们的要求而认为你是坏人。这简直是大错特错！然而，当你满足他们的要求时，他们又会重新把你视为好人。

这个问题的另一面体现在孩子的内心感受上。当他如愿以偿时，会觉得自己得到这些是理所应当的；而一旦受挫，就会觉得自己是那个"坏妈妈"的受害者。因此，他不仅会塑造出两个妈妈的形象，还会体验到两种自我：一个是充满优越感的自我，另一个是感到被剥夺了权利的自我。你可能经常会在孩子身上看到这种现象：高兴时欣喜若狂，生气或难过时也表现出激烈的情绪。

然而，当孩子既体验到需求得到满足的感觉，又遭遇了限制带来的挫败感时，他会慢慢将自我与他人的这两种形象融合起来。他逐渐领悟到一些极为重要的事情：

1. 我的需求总是能得到回应；

2. 我的需求和愿望并非都能得到满足；

3. 同一个人，有时对我慷慨给予，有时又让我失去——我对他又爱又恨；

4. 我有时很幸运，但有时也不得不面对失望。

当反复体验过这种满足与失败交织的复杂情绪后，孩子逐渐形成了对世界"并不完美"的安全认知——世界不会一直满足他们的需求，但已经"足够好"，能给予他所需的东西。他慢慢放弃了寻找那个能完美满足所有需求的"绝对好人"，学会了去爱那个既爱他又让他受挫的人。他认识到，人并不完美，但足够好。在孩子经历了足够多的挫败后，当他意识到自己并不能拥有想要的一切时，便会对所得到的一切心怀感激。

为了完成这项任务，孩子需要你提供两样关键的东西：满足感与挫败感。从未得到过满足的孩子会始终处于一种需求未被填补的状态，他永远不会感恩，因为他实际上从未满足过。这种育儿方式存在的隐患正在于此，它过分强调在早期就对孩子进行权利剥夺，生怕孩子会掌控家庭。然而，只有满足孩子的需求，他才能建立起信任和感激之心。先被给予，然后才会有爱。

然而，从未经历过挫败的孩子永远不会明白，他并非宇宙的中心，并非想要什么就能得到什么，也不会意识到他人的存在并非仅仅为了满足他的需求。满足感与挫败感之间的平衡，能够缓和极端的需要感和优越感。正如滚石乐队（The Rolling Stones）在专辑《任血流淌》（*Let It Bleed*）中所唱："你不可能总是得到你想要的。但如果你有时尝试一下，你可能会发现，你得到了你需要的。"① 经历过挫败的孩子会放弃那种认为他理应得到想要的一切、别人应该为他服务的观点。此外，当需求得不到满足时，他不会把自己看作受害者。当别人不按他的意愿行事时，他也不会认为别人是坏人。他会对自我和他人形成平衡的看法。

给予、限制和包容

为了让孩子对自我和他人形成平衡的认识，你在满足他的需求和部分愿望的同时，也要让他遭遇挫折。实现这一目标所需的三大技能是：给予、限制和包容。

给予

给予是对需求和愿望的满足，其中最重要的是满足对关爱、联结和关怀的需求。婴儿在感到饥饿和孤独时会发出哭喊，他必须得到关注、养育，需要与你建立联结。当他获得食物、得到照顾、感受到温暖和安全时，心中便逐渐形成了感恩的基石。成年人所感知到的孩子的大部分嫉妒，其实是对满足深层次需求、得到深切关怀的殷切渴望。

随着孩子逐渐长大，他需要得到安慰：他的恐惧需要得到

---

① 歌词出自此专辑中的歌曲《你不可能总是得到你想要的》(You Can't Always Get What You Want)。——编者注

抚慰，他的情感需要得到理解，他对下一步行动的焦虑需要得到缓解。生活之路正变得越来越广阔，他需要知道自己并非孤军奋战。他因恐惧而发出的尖叫，需要通过安抚来得到慰藉。

随着年龄的增长，孩子对自由、空间以及一定掌控权和选择权的需求必须得到满足。这是构建其独立性的基石。孩子想拥有一些选择权，也应该拥有一些选择权；他想拥有一些空间，也应该拥有一些空间；他想拥有一些控制权，同样应该拥有一些控制权。明白自己想要什么，并学会去争取，这是他在生活中所需的重要技能。他需要满足自己的需求（对自由、空间、一定掌控权和选择权的需求），以此来认识到这是好的，是有效的，这个世界是愿意提供帮助的（也就是说，这个世界会努力尝试去满足他的需求）。

然后，孩子还想要拥有物品、活动和资源，如金钱和机会，用来探索和培养他的技能和天赋。随着年龄的增长，他需要参与主动获取和主动提供某些资源的过程，但他的技能和天赋不应遭到埋没。

孩子追求独立与自由的欲望日益成熟，这些愿望应该得到满足。当他能够承担责任并做出良好选择时，他需要明白自己会得到回报。

孩子需要在所有领域都能体验到满足。随着逐渐长大，他在守护和利用金钱、机遇以及天赋这些宝贵财富上的责任也变得更重。但他也需要知道，这个世界是一个他可以接收馈赠、实现天赋和梦想的地方。同时，他也在学习如何承担责任、明智行事。孩子在"断奶"、开始独立生活之前,需要得到"慷慨的对待"。世界需要对他慷慨,满足他对爱与关怀的需求,同时为他提供成长的机会以及完成人生任务所需的工具和资源。

限制

限制是为了确保孩子不会得到过多或者不合适的东西。正如我们之前所说的,限制也是为了确保他无法实现想要掌控一切的愿望。此外,限制还包括对他的选择及其后果进行管理。这与你如何践行"不"并将其变为现实息息相关。

在婴儿期,设置限制的作用微乎其微。由于婴儿自身生理条件的限制,他有很多需求,但因不会说话而无法表达;他无法自行获取所需物品,因为他不会走路。在婴儿已经得到所需的一切,只剩下睡觉这一件事时,限制才会发挥作用。明智的母亲能够分辨出婴儿是因烦躁而哭泣,还是因需求未得到满足而哭泣。烦躁过后,婴儿便会入睡。如果婴儿的需求得不到满足,反而被强迫入睡,就会出现问题。这也是为什么我们建议在婴儿阶段尽量满足他的需求。

然而,到了幼儿期,限制则成了日常规范。幼儿的活动能力越来越强,也越来越希望获得控制权。当"不"这个词真正开始具有意义时,他便首次学到了"限制"。他会发现,自己并非想要什么就能得到什么——他伸手索取,却第一次听到了"不";他正在学习自己并不能掌控一切这个事实——他希望你陪伴在侧,然而你晚上要外出;他正在了解自己并非能够理所应当地得到心中所想；他正在学习限制自己的掌控欲——他想要糖果，却无法得到。有时，他可能确实有正当需求，但如果仅仅因为自己想要，这个需求并不会得到满足。他可能需要采取一些行动来主动获取，比如沟通，而不是哭诉或耍手段。

在童年后期，孩子会想要那些无法拥有的玩具。即使手上的玩具还能玩，他也想要最新最好的。（想想这种心态以后会怎么体现在信用卡消费上！）当他听到"不"，而且你十分坚持时，他便会明白，这个世界并不会无条件满足他的所有愿望。

有时，孩子会明白，拥有目标和欲望是好事，但你仍然不会满足他的所有需求，他必须通过自己的努力去获得。父母如果只是满足孩子的所有需求，却不教他如何为自己想要的东西而努力，其实就是在助长孩子的优越感。

此外，兄弟姐妹或朋友拥有某样东西，并不意味着他也能得到。当孩子没有得到别人所拥有的东西时，父母经常会听到这样的抗议："这不公平！"我们会说："那又怎样？"人生就是这样，现在就学会这一点，对他有好处。

到了青少年时期，孩子受到的限制虽然少了，但仍然十分重要。青少年需要越来越多的自由、选择和承担责任的机会，但他也需要遵守明确且强制执行的限制。青少年时期是你向孩子表明他并不能掌控世界的最后机会。如果孩子不能从你这里领悟这一点，法律终将让他明白，所以最好还是从父母这里学到这一道理。设定宵禁、财务限制，以及要求他在允许的范围内行事，都有助于抑制青少年想要掌控世界、凌驾于法律之上的妄念。

在青少年时期，孩子需要进行态度上的调整。青少年正在逐渐承担起自我守护者和管理者的角色（见第 1 章），当他开始尝到自由的滋味时，情况可能并不那么美好。他可能会变得自大、傲慢、刻薄。对他对待你的方式设定合理的边界，会让他明白，他不能随心所欲地对待他人。

在整个成长过程中，对孩子进行限制对于克服嫉妒心和优越感至关重要。你不能强化他那种认为自己理应得到想要的东西、可以做任何想做的事、可以随心所欲地对待他人的感觉。如果你能在限制与满足之间找到平衡，他就会明白，他并不能掌控这个世界。

以下是对"限制的作用"的一些看法。

- 限制的作用始于婴儿期，当婴儿的所有需求得到满足后，他有时会体验到分离感。
- 在幼儿期，限制开始正式发挥作用，孩子逐渐明白他并不是主宰者，限制会一直持续到青春期结束。
- 限制教会孩子，尽管他的愿望可能是正当的，但他并不总是能得到想要的一切。他必须努力才能实现自己的愿望，仅仅有欲望是不够的。
- 如果孩子将"公平"定义为"均等"，限制会让他明白生活并不公平。他永远不会拥有和别人完全一样的东西。有些人拥有的更多，有些人拥有的则比他少。
- 限制帮助孩子认识到，他的感受并不是最终的现实。

- 限制会激发孩子的抗议，父母要能与孩子共情，在保持限制的同时包容他的情绪。
- 限制和纪律让孩子认识到自己"不良"的一面，从而不会认为自己是无辜受害者。
- 限制能培养孩子的自信心，因为他发现，即使一些愿望无法得到满足，他也能生存下来，并学会满足自己的一些需求。
- 限制为孩子提供了对待他人的框架。经历过充满爱的限制的孩子，能够自己设定边界。
- 限制能让孩子体验到对无法控制之物的哀伤，帮他消化情绪并专注解决问题。

不要剥夺孩子面对限制的机会，否则他将背负一生的负担，认为自己就是神。这是一个他注定无法胜任的角色。

宽容

"宽容"是指帮助孩子克服对限制的负面感受，并将限制内化为其性格的一部分。限制对于人类来说过于严酷，难以直接接受。当限制的背后缺乏宽容之心的支持时，它便成为我们的敌人。限制似乎听上去刻薄、对立、冷漠。如果缺乏爱，我们就无法很好地执行这些限制。

因此，宽容是在限制中融入爱、理解和秩序，以便孩子能够内化限制。当孩子受到限制时，他会感到愤怒。我们在听到

"不"时，都会本能地感到愤怒和表示反抗。我们把限制视为敌人。因此，我们会以某种方式表示抗议。

如果因为我们的抗议而导致限制被取消，我们就会觉得自己凌驾于限制之上；如果一开始就不设限制，情况可能还好一些。正是因为我们尝试扮演神的角色并且成功了，这才强化了我们认为自己能够掌控一切的想法。（与其设置一个你不会遵守的限制，还不如干脆不设限制。）

如果限制仍然存在，要争取让孩子接受并站在限制这边。限制的持续存在会打破孩子的自信——这是一种严重的伤害。必须有人将这种愤怒转化为悲伤、哀伤和决心。你需要通过安慰、关心、共情和联结来做到这一点。你在坚守限制的同时，也要与孩子共情：

- "我知道，宝贝，这很难。"
- "我同意，这确实不公平。"
- "当我没办法做我想做的事情时，我也很生气。"
- "我理解你，但不行，你还是不能去。"
- "生活很难，对吧？"

这些充满共情的表述向孩子表明，即使在限制似乎对他不利的情况下，也有人站在他这一边。然后，经过一定的过程，他能够利用这些限制来学习他需要学习的东西；爱会帮助他内化这些限制。

很多父母在这个时候很难应对孩子的伤心和愤怒，他们把共情当作唯一的解药。要避免使用那些让你自己感觉更好的说辞：

- "这对我来说比你更难受。"（现在，孩子不仅面临一个阻止他做事的家长，还面临一个不理解他的家长。）
- "我这样做是因为我爱你，你以后会感谢我的。"（孩子只关心当下。）
- "没那么糟。想想你最近都做了哪些好事。"
- "这只是暂时的。"
- "别哭了，否则我有办法让你哭得更厉害。"

孩子此刻最需要的是共情和理解，因为生活已经给了他沉重一击。爱与限制结合的结果将变成他内心中的限制和行为框架，同时会给他的优越感带来冲击。记住，孩子失去的不仅是他想要的东西，他还失去了对整个世界的既有认知：他正在逐渐认识到，自己并不能掌控一切。你要预料到他可能会在一段时间内对此感到愤恨。

被讨厌的勇气

无法忍受被孩子讨厌的家长，将无法为孩子提供克服优越感所需的现实环境。爱与限制是家长的重要特质，而能够忍受被孩子讨厌和被视为"坏人",则是家长另一个重要特质。对家长来说,你需要能够包容孩子的抗议,保持与孩子的联结,不反击,并且继续扮演好家长的角色。

当"谢谢"缺席

"谢谢"这个词应当尽早被教给孩子。当孩子收到某样东西时,家长常常会问:"你要说什么呢,宝贝?"由于以下几个原因,那些既被爱着又被好好管教的孩子会自然而然地学会感恩:

- 他的优越感因为管教而受到制约;
- 通过惩罚他的叛逆和过失,让他明白自己并非无辜的受害者;
- 他必须学会道歉,说"对不起";
- 他正在养成谦逊的态度;
- 父母通过向彼此以及孩子表达感谢,为孩子树立榜样。

表达感谢是成长中一个非常重要的方面。如果孩子在这方面有所缺失,就需要加以补救。对于不表达感谢的孩子,需要和他沟通并设立限制。他正在将一切视为理所当然。要让他知道,其他人并不欣赏他的这种做法。这样做不是为了让他感到内疚,而是要作为一种惯例,就像分享你的感受和设置限制那样。

- "如果你对我颐指气使,你得到的就会更少。"
- "如果你说'谢谢',你得到的就会更多。"
- "当我感受到你对我们为你做的事情心存感激时,我会再为你做其他事情。"
- "我不会为那些不懂得感激的人做事。如果你不在乎,我会节省我的精力。"
- "你似乎认为我们必须为你做这些。其实我们真的没必要这么做。如果你对此并不在意,那我们就会停止行动。"

你是在表明自己不想被视作理所当然的边界。如果你真的感觉自己像个牺牲者,或者觉得自己历经苦难、值得被同情,那么请先处理好这种感受,这样你在告知孩子他的行为时,才能不带给他内疚感。

区分嫉妒和渴望

为人父母的一个美妙之处,就是能帮助孩子实现愿望。帮助孩子达成目标或者得到他想要的东西,是多么美妙的事情啊!我朋友的儿子19岁,最近买了一辆车,是用他努力工作攒了3年的钱买的。每个暑假以及每天放学后,他都打工挣钱。在整个过程中,他和父母一起规划资金,终于有一天,他攒够了钱。

他选中的是一辆符合他所有兴趣的SUV(运动型多用途汽

车)。他热爱运动,这辆车非常适合他的真实个性。这也是他和父母都如此热衷于实现这个目标的原因之一。当他买到这辆车时,全家都沉浸在一片感恩与庆祝的欢乐之中。

我认识的另一个青少年,未曾付出努力就得到了一辆新车。她想要一辆车的理由也不正当,而且这辆车与她的真实个性毫无关系。她的父母买这辆车只是为了满足自己的虚荣心,想让女儿在学校里显得比别人更出色。然而没过多久,这辆车就对女孩失去了吸引力,她又想换新车了。

第一辆车是出于一个人的真心渴望而被购买的,另一辆车则完全是出于嫉妒而被购买的。父母应该学会分辨哪些愿望是出于嫉妒,哪些是真正发自内心的渴望。对于那些出于嫉妒的愿望,就任其自生自灭吧,要去帮助孩子实现那些源自内心的愿望。来自内心的渴望会持续得更长久,在愿望达成后也会保留得更久。而出于嫉妒的愿望则是贪婪的,具有攀比性质,并且给孩子带来的满足感也是短暂的。贪婪就总是渴望得到更多。

这是你的领地

当孩子开始关注外部世界并看到自己想要的东西时,这未尝不是一件好事,他的欲望会驱使他努力。当孩子审视自己的能力、财富或技能,并为所缺失的那些感到难过时,同样可能是一件好事,他的不足会激励他进行有目标的活动。因此,他能学会区分嫉妒和渴望——渴望会驱使他行动,而嫉妒只会让他内心煎熬。

如果你设定了良好的限制和边界，你会共情孩子的愿望，帮助他制订计划去实现目标，并鼓励他。如果你不屈从于他的嫉妒心，你就已经给他上了人生中至关重要的一课：他的缺失是他自己的问题。如果他不喜欢自己的生活，就必须竭尽全力去改善它。

一个不被嫉妒心所主导的人的思维过程是这样的："我看到外面有我想要的东西，并且我不喜欢目前的处境。这是我自己的问题。我要怎么做才能从 A 点到 B 点呢？我最好评估一下是什么阻碍了我的前进，并找出达到那个目标所要做的事。"

孩子身上发生的关键转变是，他意识到产生需求和渴望是他自己的事。他可以寻求帮助、去学习、去工作，或者做任何他需要做的事。但是，他缺失的部分以及解决之道，是他需要自己面对的问题，没有人应该替他解决问题。在这种情况下，你正在培养一个能发现自己内心渴望的孩子。他会动用所有的资源、智慧和天赋去达到目的，同时也懂得向周围的人寻求帮助，以获得实现目标所需的支持。

悖论

嫉妒是生活中一个巨大的悖论。嫉妒的人认为自己理应拥有一切，但最终却一无所有。他无法掌控、珍惜或感激自己所拥有的东西。而他未曾拥有的那些，却反过来控制了他。

嫉妒本质上是骄傲，嫉妒的人觉得自己就是神，连宇宙都该归自己所有。但骄傲最终会导致失败。谦卑的人，是已经放下优越感的人。人之所以谦卑，是因为收获了所拥有的，并且心存感激。在这种心态下，其他人愿意给予他更多。这就是悖论之所在：嫉妒的人想要更多，却得到更少；而感恩之人对已经拥有的心存感激，反而得到了更多。

你要帮助孩子成为一个谦卑、懂得感恩的人。但要记住，要咽下骄傲这块"硬骨头"并不容易，这需要大量的爱来辅助。随后，你的孩子就可以积极地去解决自己的问题了，这也是下一章要探讨的主题。

第 12 章

主动迈出第一步

积极定律

大学毕业后，我（汤森德博士）在得克萨斯州的一所儿童之家工作了好几年。这里有 6～8 个学龄儿童，与宿舍管理员住在一起。我们这些宿舍管理员会轮班，这样在一周紧张忙碌的时间里，大家都能有机会放松一下。因为我们都住得很近，所以彼此间非常了解。

作为一名新来的宿舍管理员，我观察了我们这群人之间的不同。总的来说，宿管们存在两种截然不同的类型。

一种是"好朋友"型，这种人最希望孩子们能喜欢他。他会花很多时间和孩子们聊天，开车带他们去好玩的地方。他很难变得严厉，因为他不想破坏与孩子们之间的友好关系。到了例行检查的时候，他的小屋总是乱糟糟的。洗碗、做饭和打扫等家务都是由他自己来做。孩子们则很开心、友善，但也很懒惰。他们花很多时间坐在沙发上看电视。

另一种是"控制狂"型，他就像军队里的教官一样。从第一天起，他就大声发号施令，甚至在还没出现问题之前就设定好后果，并且总是让孩子们忙个不停。他的小屋总是打理得井井有条，干净整洁。孩子们虽然有不少抱怨，但还是会完成任务。时不时地，就会有一个青少年行为叛逆并离家出走。其他孩子则相当活跃和忙碌。

最优秀的宿舍管理员处于中间状态，他们既注重关系又注重秩序。成功的秘诀在于：当尊重先于友谊时，就会产生积极性；当友谊先于尊重时，就会产生惰性。友谊会带来积极的体验，但也会导致懈怠。到了该工作的时候，孩子们就会对宿管感到无比怨恨。那些一开始就以尊重为出发点的宿管，能让孩子更加积极。然后，当他们的态度稍微松弛一下，和孩子们一起玩耍时，孩子们就会崇拜他们。

积极的馈赠

你能给予孩子最好的礼物之一，就是帮助他养成积极的习惯。所谓积极，就是主动出击，先行一步。孩子得明白，无论是解决问题还是满足需求，关键不在于他人，而在于自己。

为了生存与获得成功，生活要求我们保持主动。孩子出生时的第一声啼哭，是谁也替代不了的。当你听到这哭声时，你就该在这个过程中尽自己的一份力，去回应他的需求。在人生的道路上，孩子有责任主动解决自己的困境，尽管在刚开始的几年里，他极度依赖照顾者来获取生活所需的资源。

不要把依赖与消极混为一谈。我们天生就需要在一生中积极依赖他人。同理，也不要把积极与自给自足混为一谈。积极的人并不会试图独自完成所有事情。积极意味着你要全力以赴，然后大力寻求你自身所不具备的东西以完善自己。你的孩子需要积极表达自己的需求，对不好的事情提出抗议，在友谊中尽到自己的责任，完成家务和学业，并随着成长逐渐承担起越来越多的生活责任。

积极的孩子有绝佳的机会学会正确对待边界。他就像未经驯服的野马一样，会用自己的意志去反抗你设定的限制和后果，直到他学会关注除自己以外的现实。他在生活中吃到一些苦头后，会向现实低头，开始学习控制自己的攻击性，将其保持在可接受的范围内，并将其用于建设性目的。

积极对孩子的成长有诸多益处。它能帮助孩子得到以下好处：

- 从失败和后果中学习如何表现得体；
- 认识到自己的问题和需求应该由自己去解决；
- 培养对自己生活的掌控感和主导权；
- 学会自己照顾自己；
- 避免陷入危险的情境和关系；
- 从人际关系中获得安慰和帮助；
- 以有意义且富有成效的方式重塑自己的爱与情感，从而保持与他人的联结。

有时，父母很难理解积极的孩子的优势。当我们谈论孩子与边界的话题时，常有妈妈求助："我为孩子设定了行为边界，但他总是不断越界。我该怎么办？"答案是："这在意料之中。你是父母，你有你的职责。你的职责就是在爱中设定边界，并坚定执行后果。而他是孩子，他也有他的任务。他的任务就是通过积极的挑衅多次试探这些限制，从而理解现实、关系和责任的含义。"

消极的问题

消极，或者说缺乏活力、无回应，与积极和主动截然相反。孩子的消极态度是培养边界感的主要障碍。消极的孩子在生活中处于停滞状态，总是在等待某个人或某件事。当孩子变得消极，他就不再学习如何管理自己。他开始试着将控制权交给其他人，让那个人来代替他们行动。

消极的孩子无法利用"尝试—失败—学习"的过程来认识边界。他从未真正迎接过挑战。这样虽然避免了失败，但也错失了成长的机会。这样的孩子通常温顺乖巧，但与之相处时，你很难感受到他的个性。他在结交朋友、发掘兴趣和激发热情方面常常遇到困难，而且容易受到更有攻击性的朋友的影响或控制。他为了人际关系和谐而妥协退让，缺乏"自我"意识。

每当我想到那些因消极而错失生活机遇的孩子，心里总是感到难过。他从长大、变老，直至离世，从未真正被触动过，也未曾深刻触动过他人。消极使他陷入了一种迷茫、不明朗的生存状态。这简直是对一生的巨大浪费！消极并非美德，而是缺陷。但是，不要把消极与耐心混为一谈，耐心是一种积极的品质。

美国海军陆战队中流传过这么一个说法：做出一个错误的决定也好过没有决定。在条件相同的情况下，积极的孩子比消极的孩子学习和成熟得更快，这也意味着父母有更多可用的"原材料"来培养孩子。

你可以对消极的孩子做什么？

消极孩子的父母面临着双重难题。这类孩子在责任感或主动性方面存在问题，而且很难让他参与到学习过程中。以下是这类孩子表现出消极的一些方式。

- **拖延**。孩子总是在最后一刻才回应你。他很晚才完成学校作业，让你花上很多时间等他做准备工作。当你让他把音乐声关小或摆放餐具时，原本活力四射、动作麻利的孩子会变得磨磨蹭蹭。他花了大量时间去做他不乐意做的事，却没多少时间做自己感兴趣的事。
- **忽视**。孩子对你的指令充耳不闻，要么假装没听见，要么干脆不理你。他继续玩他的玩具、看书或发呆。
- **缺乏主动性和冒险精神**。孩子回避新的体验，比如结识新朋友或尝试新的运动或艺术形式，总是固守熟悉的活动和模式。
- **生活在幻想世界中**。孩子更倾向于沉浸在自己的内心世界中,而不关注现实世界。当他陷入自己的思绪时,看起来更快乐、更有活力,当遇到问题或不适时,他会第一时间退缩回自己的世界。
- **消极抵抗**。孩子通过茫然或阴沉地看着你来反抗你的要求,然后什么都不做。他显然对你的权威感到愤怒或轻蔑,但不用言语表达出来。
- **孤立**。孩子逃避与他人接触,更喜欢待在房间里。他不会与你对质、争论或争吵,相反,他应对你提出的问题的方法是离开。

消极的孩子并不是坏孩子。他只是以一种特定的方式面对生活,这种方式阻碍了他获得自主性、自控力或掌控力。此外,并非所有消极问题都有相似的本质。孩子在这方面遇到困难有多种原因。以下是一些根本原因,以及关于你该如何帮助消极的孩子培养积极性,让他为自己建立边界。

恐惧

你的孩子可能由于内心深处的恐惧或焦虑而逃避回应,这些恐惧和焦虑使他无法主动采取行动。巨大的恐惧使孩子在面对生活的挑战时采取保护和防御的姿态。

- **亲密**。有的孩子害怕与他人亲近，担心自己在他人面前变得脆弱。他在其他孩子面前会感到害羞、矜持和尴尬。他会避免那些让自己感到无所遁形的社交场合。不要认为这是一种"学习方式"或"性格类型"。虽然有的孩子天生比其他孩子更害羞，但他仍然需要学习如何与他人建立联结，让学校生活、体育、艺术和其他社交活动成为生活里正常且可预期的一部分。不要介入孩子与熟人之间的交往，但要注重陪伴，以便孩子分享自己的经历。
- **冲突**。有的孩子在事情一切顺利时能够积极参与其中，但一旦遇到愤怒或冲突就变得恐惧和消极。他可能害怕他人的愤怒，或担心受到身体伤害。不要向他承诺他永远不会感到痛苦，而要向他保证，在你力所能及的范围内，你不会让他受到伤害。

  将冲突与痛苦视为正常情况。我的一位朋友每周都带他的女儿去上空手道课。最初几周，他感到很尴尬，因为每节课开始时，女儿都会哭着抱住他的腿。但他对女儿说："你必须上满3个月，别无选择。无论你哭还是笑，我都会带你去。3个月后，你可以选择是否继续。"3个月后，她已经获得了下一级别的腰带，并决定继续学下去。所以要让孩子知道，冲突并不可怕，自己会挺过去的。
- **失败**。如今，许多孩子都面临着完美主义的挑战。他害怕犯错，因此不敢主动出击，从而减少失败的可能性。但同时，他也失去了从失败中学习的机会。要让孩子将失败视为正常情况，并让他知道，失败并不会失去你的爱。你甚至可以在他面前失败一次，并自嘲一番。

有一个和我很亲近的家庭就是一个优秀的"失败"家庭。我们共进晚餐时，他们不会大肆吹嘘每个家庭成员的成就，而是会谈论自己在工作中失败的冒险经历，或是在友谊中出现的尴尬时刻。孩子们也是这些故事的一部分。对他们来说，失败是朋友。

无法为实现目标做规划

欲望和目标可以帮助孩子克服惰性。当面对冲突时，孩子往往会陷入消极的状态。这类孩子并不懒惰，而是他难以规划出实现愿望所需的具体步骤。他对挫折的容忍度通常比较低。例如，当面对撰写第一篇学期论文的任务时，他可能会因为觉得不堪重负而放弃；或者在遇到冲突时，他可能会选择结束友谊，宁愿待在家里。

不要让孩子通过逃避学习的组织性和规律性，来免受束缚，家不应该是孩子逃避现实的庇护所。你应该要求孩子在家里学习技能和完成任务，并告诉他你会帮忙。也可以安排一些稍有难度的家务活，比如做饭、打扫、购物、修剪草坪，甚至是房屋维修，这些都能帮助他树立对自己能力的信心。然后，他便可以着手去规划自己感兴趣的目标了。毕竟，让孩子在清洁烤箱和设计科学项目之间做出选择，不失为一种有效的锻炼方式！

洞察期待

孩子可能会觉得,他无须开口索要所需之物,因为他假定你应当在他开口之前就有所了解。当你问不到点子上、忘了他想要的东西,或者不明白他为何不悦时,他就会感到沮丧。这既是幼儿的特征,也是那些在区分自我意识和父母意识上有困难的年长些的孩子的表现。婴儿需要能够预判其需求的母亲,否则他的生存就会受到威胁。但随着孩子逐渐长大,他需要清楚地表达自己的需求。

让你的孩子知道你真心想要帮助他满足需求、解决问题。但同时也要告诉他:"尽管我非常爱你,但我也无法读出你的心思。如果你不用语言表达自己的需求,你就无法得到回应,那会很遗憾。但如果你肯努力表达,我会尽我所能来帮助你。"

矛盾型积极

有的孩子并非天生消极。他在某些方面表现出积极性,在其他方面则毫无反应。例如,一个男孩可能在学业和家务活动方面很积极,他成绩优异,在家也很负责任。然而,在人际关系上,他可能表现得消极,难以维持稳定的关系。一个成绩全优的学生可能在家里连一点忙都不肯帮。

这类孩子具备必要的积极、果断的特质,但在某些方面难以将其发挥出来。在与自己有冲突的生活领域中,他需要在你的帮助下发挥主动性。不要接受"我就是这种人"的说法。成长为成熟的成年人,意味着要在所有成长和生活的重要领域上付出努力，而不仅仅是在擅长的领域。

此处的一条经验是：只有在你的问题领域付出真正的努力后，你才能得到好东西。为了挣到零花钱、尽情熬夜或是收看喜爱的电视节目，这个孤僻的10岁孩子必须每周邀请一定人数的孩子来家里吃饭或一起滑旱冰。生活对我们的要求，就像用餐一样，得先吃完蔬菜，才能享用甜点。

懒惰

有时，孩子消极是因为在生活中处于懈怠的状态。他可能是体贴善良的孩子，但几乎没有可预见的焦虑，即那种促使我们去工作、维系人际关系和保养车辆的焦虑。他对未来毫无畏惧。他知道，一旦出现问题，总会有人替他解决。他对后果缺乏恐惧。

一般来说，大多数懒惰的孩子拥有过度溺爱的父母。在某种程度上，你正在为他的懒惰付出代价。你可能没有意识到这一点，但你对他的要求可能远低于他的成熟度和所拥有的资源应达到的标准。为他提供舒适的生活并不利于他为现实世界做好准备。例如，做家务是需要全家人的共同努力，还是只需孩子象征性地参与一下？他的收入是否与在家和学校的表现挂钩？不要等着孩子自愿去做这些事情。建立制度，并坚持执行相应的后果。

我的一位出身富裕家庭的朋友告诉我——现在她已经是3个孩子的母亲了——让孩子们保持家里整洁真是一件很费劲的事。她说："我以前从没想过这些事情。我在房间里脱掉衣服，然后扔在地上。当我回到房间时，用人已经帮我收拾好了。但现在我有了孩子，每个人的衣服都扔在地上。我真希望我能早点学会这些。"

很难想象一个懒惰的孩子同时又是一名优秀、积极、负责的学生。你可以与其他家长聊聊，问问他们是否觉得你做得太多，而孩子做得太少。或许你会惊讶地发现，孩子其实很有能力。

记住，孩子会变得像你训练他的那样消极。有一句关于个人成长的话尤其适用于懒惰的孩子：只有保持原状所带来的痛苦大于改变所带来的痛苦时，人们才会改变。从今天开始对懒惰设定限制和后果，让你的孩子免受这份痛苦。

优越感

孩子消极的一大原因是优越感，即要求得到特殊对待。这样的孩子觉得自己理应被服务。他等着别人来满足自己的需求和愿望，而且对得到的东西很少怀有感激之情，因为在他看来，由于自己的身份，得到这些本就是理所当然的。

所有孩子都有一定程度的优越感。（关于优越感的深入探讨，请参见第11章。）如果你对这种心态做出让步，你就是在促使孩子成为无法适应现实世界的人。他可能会感到极度幻灭，难以发挥作用，或者找到一个愿意纵容他、为他遮挡现实风雨的人结婚。

肖恩今年16岁，我和他以及他的母亲辛西娅都是朋友。辛西娅发现儿子身上出现了消极的迹象。肖恩长相帅气，智商约有140，朋友众多。但由于出勤率低、成绩不佳，他不仅从高中辍学，还从职业学校退学。辛西娅认为肖恩态度消极是因为他在学校没有遇到足够的挑战，也可能是因为他太懒惰。

令辛西娅大吃一惊的是，有一天肖恩毫无征兆地暴露出了优越感。那天他错过了校车，需要搭辛西娅的车去新学校，辛西娅不得不请假送他。在车上，她向儿子表达了自己对他长期消极状态的担忧，以及这种情况给他自己和全家带来的损失。她告诉肖恩，送他去学校有多么不方便。突然，肖恩转过身来说："嘿，你得送我！我还是个孩子。这是你的责任，我理应享受这样的待遇！"

辛西娅把车停下，打开了副驾驶的车门。"你是孩子没错，"她说，"但这并不意味着你理应得到你现在拥有的一切。等你回家我们再好好谈谈。"肖恩一脸错愕，下车步行了最后1千米到达学校。他非常生气。但在那天下午回家后，他已经准备好和辛西娅交谈了。

辛西娅后悔自己一时冲动发了火。但她可能不太恰当的行为，也确实帮助肖恩意识到他的优越感已经暴露，而且并未给他带来好处——这是向解决问题迈出的一小步。

你的孩子需要明白，虽然他有正当需求，但他并不享有任何特权。你的孩子需要一些东西，就像所有孩子都有需求一样。但他有责任为自己谋求这些东西。如果孩子的消极是优越感造成的，你需要通过打破他那些不切实际的幻想，同时通过满足他的真实需求来帮助他。"特别"的人是无法被爱的，因为爱可以接纳我们的优点，也可以接纳我们的缺点。消极的孩子只享受因优点而受到的赞美,然而,孩子必须放弃对赞美的渴求,才能学会被爱。

不要过分赞扬孩子应尽的职责。但是,当你的孩子能够承认事实、真诚悔改、勇于尝试、公开表达爱意时,要毫不吝惜地赞美他。当孩子在积极、充满爱的负责任的行为中展现出不断完善的品格时,要给予赞美。

临床问题

有时,孩童时期的消极可能是潜在情感障碍的一种症状。例如,某些类型的抑郁可能会让孩子退缩,变得消极,以此来应对他内心的痛苦。毒品和酒精也可能让孩子变得消极。如果你怀疑存在这些问题,请找一位有诊治相应年龄段孩子经验的治疗师,并获取专业的临床意见。

培养积极孩子的原则

无论你的孩子是否天生消极,你都需要在帮助他成为探索者和成长型人才方面发挥作用,你是推动积极定律的主要力量。他无法自己做到这一点。虽然他可能不会感激你的努力,但这将在他性格完善的过程中产生回报。以下是你可以做的事情。

成为积极的人,而不仅仅是家长

孩子需要内化一个拥有自己的生活的榜样。那些生活以孩子为中心的家长会影响孩子，让他认为生活要么是成为家长，要么是永远被家长服务。让你的孩子知道你有与他无关的兴趣和人际关系。试着不带他一起去旅行，向他展示你会积极负责地满足自己的需求并解决自己的问题。

避免导致孩子消极的行为

别把对孩子的爱，与将他从他自己的手中解救出来混为一谈。问问自己和信任的人，你是否在充分锻炼孩子的能力？你是否避免在孩子的学业、工作、社交、精神以及行为等方面设置限制？你是否因为可能产生的冲突而害怕讨论这些问题？你们家是用来逃避责任的地方，还是孩子活动和成长的空间？

我有一个40岁的专业人士朋友，他既是丈夫也是父亲，但每当他回家探望母亲时，就会变成一个消极的孩子。他坐在沙发上看电视，而母亲则为他端茶送水、准备零食。他的妻子看到这一幕后，明白了为什么在家时自己很难激发他的积极性。在他心中，"新妈妈"——也就是他的妻子——无法与"旧妈妈"相提并论。爱是可以免费获得的，但更多东西必须通过自己的努力来获得。

要求孩子主动解决问题

你的孩子往往希望让你替他完成所有事情。如果你这么做了，那你就做错了。你要试着这样说："对不起，这是你的责任，我希望你能自己解决问题。这听起来很难，但我会为你加油的。"

对于 4～18 岁的孩子，很多问题都可以采用这种方式来处理：

- "妈妈，你看到我的鞋了吗？"
- "哦，不，我错过校车了！"
- "我的零花钱不够了，能先预支一点吗？周五还你，我想去看电影。"
- "你把我禁足了，我好生气啊！"
- "抱歉我迟到了，今晚吃什么？"
- "我明天就要交作业了，但我不会打印。"

你看，对于这些问题，通过回答"这是你的责任"，你可能会节省很多时间和精力。你的过度操劳可能会严重加剧孩子的消极程度。要求他主动承担自己的责任，可以塑造他的品格，让他更加成熟；同时，这也有助于你免于承担超出自己职责范围的事情。

教孩子主动建立关系

消极的不良后果之一是，孩子不仅无法解决问题，还被剥夺了一些宝贵的资源。消极的孩子通常会避免建立关系，因为他要么在等待他人代劳，要么不愿寻求帮助。

帮助孩子认识到关系是许多事物的源泉：

- 从痛苦中得到安慰；

- 内心感受到爱，而不是孤独或难过；
- 获得自信和维持生活的动力；
- 解决问题的信息；
- 成长的框架。

告诉他，只有主动寻求，才能建立起关系。不要和他玩"怎么了？我没事"的游戏，不要一直追问他。你要说："听起来你遇到了麻烦，但我会等你开口求助时再帮你。"我认识一位父亲，他意识到自己正在和孩子玩这种游戏：他发现自己总是追着 10 岁的女儿问东问西，但这对她并没有帮助。所以，当女儿再次难过时，他说了上面的话。他坐在那儿读报纸，她从他身边走过，轻轻地呜咽着，声音虽然不大，但他能听到。他继续读报。女儿真的绕着椅子走了 12 圈！最后，她意识到，如果不主动靠近爸爸，关系是不会自动建立的。于是她说："爸爸，我对学校的事感到难过。"这时，他才满怀爱意地帮助了她。

让消极比积极更痛苦

父母常常纵容消极的孩子，因为他看起来比积极的孩子更少惹麻烦，这样父母就有更多时间去对付那些调皮的孩子。但不要让你的孩子对这种消极状态感到舒适。他可能会因此而被忽视。要让他知道，你宁愿他积极主动地犯错，也不要他消极被动地不作为。告诉他："如果你尝试但搞砸了，我会尽我所能帮助你。如果你不去尝试，我依然会爱你，但你得自己承担后果。"

当孩子尝试摆餐具却不小心弄洒了食物时，要表扬和奖励他。但如果他逃避这项任务，他就无法品尝当晚的甜点了。

对成长给予充分的时间

在迈向积极生活的过程中，与消极斗争的孩子往往需要更多的耐心。他大半生都在害怕和逃避风险、失败和痛苦；他对自己的自信和果断持怀疑态度，认为这并不能给他的生活带来帮助。

不要指望你的孩子能一夜之间变成解决问题的能手。即使他又退缩了，也要对他迈出的每一小步给予奖励。一般来说，如果这个过程进展顺利，孩子的自信会逐渐增强，就像发动机逐渐加速一样，活跃性也会提高。不过，他迈出的第一步可能有些踉跄。记住，要有耐心，要给予宽容。

结论

你的孩子需要你成为充满爱、设置限制并激发潜能的引导者，帮助他发掘自己的积极性。他可能会抵触你，甚至对你生气，但正如雌鸟知道何时该把雏鸟推出鸟巢一样，你也要运用自己的经验、判断力，以及他人的帮助，鼓励他主动掌控自己的人生。

在接下来关于"曝光定律"的章节中，你将学习如何协助孩子直接且清晰地表达自己的边界，避免陷入流言蜚语的旋涡，或是避免让父母之间相互推诿责任。

第 13 章

诚实为上策

曝光定律

我（克劳德博士）至今仍能清晰地记得 8 岁那年发生的事情。我犯了一个大错，但当时我并不自知。我以为我只是在报复我的姐姐，那时她 16 岁。报复的机会难得，我可不打算错过。

当时，莎伦和她的一位朋友在起居室里嬉戏打闹，她俩中的一人扔了个枕头，竟然不小心把顶灯给打破了。她们迅速动手，将顶灯摆弄了一番，试图掩盖破损的痕迹，自以为已经蒙混过关。我那可怜的姐姐，哪里知道她有个狡猾的弟弟已经暗中设下了"局"。

父亲回家后，我迫不及待地和他分享她们所做的一切。我告诉他，她们把灯打破了，他让我带他去看看。我把他领进起居室，却没想到莎伦和她的朋友还在里面。我当场暴露。在父亲询问我关于灯的事时，她们俩就在旁边看着，眼睁睁地看着我成了一个"告密者"。我不记得父亲后来是如何处罚她们的，但我至今仍然清楚地记得她们是如何"对付"我的，那可真是惨不忍睹。

多年以后，我才领悟到了这件事背后的道理。但就在那一天，我就已经深刻理解了现实：当你在背后使坏时，你在人际关系中必定会惹上麻烦。

人际关系中最重要的原则之一就是直接沟通，无论发生了什么，都要坦诚相对。我从未和姐姐沟通过我对她所作所为的看法，没有给她机会改过自新，甚至没有真诚地问问她是否打算找个合适的时机告诉父亲。我这么做有两个主要动机：一是想让姐姐受到惩罚，二是我害怕直接面对她。我愚蠢地以为自己可以成功瞒过她，而不必直面她的愤怒。

自从我成为一名心理学家后，我对间接沟通的破坏性有了更多了解。事情往往是这样的：我和A之间有了矛盾，我选择向B倾诉。这样一来，我就陷入了三个麻烦之中：第一个麻烦是我向B透露了与A的矛盾；第二个麻烦是B对A产生了A所不知道的情绪；而最终的麻烦是，A会发现我告诉了B，从而感到被我背叛。

这种关系中的另一种情况是：A向我透露了B的某些情况，而我随后告知了B。B因此迁怒于A，而A却一头雾水。之后，A可能会因为我向B透露了消息而对我十分生气，或者直接否认自己曾向我提及过此事。

我们如果在沟通中采取间接方式，会显得自己很愚蠢，因为这让自己成为问题的一部分，还会让我们对问题的存在负有更多责任。

直接沟通是最佳方式。但很多人并不用这种方式与他人相处。相反，他们选择逃避（无视他人或问题），或者把问题"三角化"（让两个人之间的问题变成三个人之间的），或者对存在的问题视而不见。

"曝光定律"认为，生活在光明之下，人生会更美好。也就是说，人们最好开诚布公地谈事情，哪怕这些事情是负面的。无论消息是好是坏，我们都需要了解。冲突或不良情绪会破坏两人之间的关系，只有通过坦诚的沟通才能修复它。

这并不意味着我们需要把每一次轻微的不快或所有困扰我们的事情都提出来。很多时候，感到愤怒可能只是我们自己的问题。没有什么比那些总是说"我们需要谈谈"的人更令人厌烦的了。

但是，当价值观被践踏、有人受到伤害或存在不可接受的行为时，忽视、逃避或三角化的做法会在关系中引发更多问题。

此外，人们需要积极沟通自己的需求、愿望、渴求和感受。对于害羞或被动、不敢表达自己需求的孩子，必须帮助他学会主动寻求自己想要的东西（参见第12章）。那些渴望被关注或安慰却总是退缩的孩子，需要学会如何在关系中主动表达这些感受。

下面将介绍一些原则，这些原则将帮助你的孩子在人际关系中保持开放和诚实。

规则1：以身作则践行曝光定律

我拜访了一位同事的家，发现他12岁的儿子显得异常忙碌，忙着用吸尘器打扫房间，收拾他在家里四处乱丢的东西，还把脏衣服送到洗衣房。我以前可从没见他这么勤快过，于是我问他发生了什么。

"我觉得我可能惹祸了，"他答道，"所以我得打扫。可能这就是原因吧。"

"你说的'可能这就是原因'是什么意思？"我追问道。

"嗯，我妈打电话时，我能感觉到她的情绪有些不对劲。所以我得小心行事。"

"你到底做了什么？"

"我不清楚。但我知道肯定有事不对劲。"

"你怎么知道的？"

"嗯，你能感觉出来。她和平常不一样。"

结果，他妈妈的确心情不好，但并不是因为他，而是因为她丈夫。但令人难过的是，孩子因为觉得自己做错了事（尽管不知道具体错在哪里），而一直处在焦虑之中。我觉得这太令人难过了，于是便和他爸爸说了这件事。

他爸爸告诉我，他妻子从不直接告诉别人她想要什么，也不会明确指出别人做错了什么。因此，她可能会改变整个家庭的气氛。他们只知道她情绪不对。他们需要自己去琢磨是谁做了什么让她不开心。

这种行为给她的儿子带来了非常有害的影响。第一，他对自己的行为感到不安，不知道自己什么时候做得好，什么时候做得不好。第二，他无法自由地去爱，因为他太担心妈妈的感受，忙着照顾她的情绪和应对她的间接沟通。第三，他正在观察和模仿这种沟通模式，而这最终会损害他建立良好关系的能力。

父母之间以及父母与孩子之间的沟通方式，是曝光定律的起点。要以身作则，教孩子你想让他们学会的东西。当你感到不快或与他发生冲突时，去找他，满怀爱意但诚实直接地告诉他。

规则 2：明确边界

在没有明确规则和期望的家庭中，孩子无法塑造自己的性格结构。当你对孩子设定了目标和规则时，一定要确保他了解它们。这将为你提供"教育契机"。

教育契机出现在父母和孩子各自履行自己职责的时候。父母的职责是制定规则，孩子的职责是破坏规则。随后，父母对孩子的行为进行纠正和管教。当孩子再次破坏规则时，父母会通过管理后果并表达共情，从而将规则转化为现实和孩子内心的秩序。

但如果规则不明确，教育就无法进行，这个过程就会乱套。确保你的孩子明白什么是错误的行为，这样你才能教会他如何去做正确的事。

规则 3：疗愈恐惧，营造安全的沟通环境

我们不愿直接沟通的根本原因是害怕。通常，有两种恐惧会阻碍我们坦诚相待：一是害怕失去爱，二是害怕遭到报复。我们担心，如果坦诚地表达愤怒或伤痛，对方要么会疏远我们，要么会生气。此外，孩子高估了愤怒的破坏力，认为愤怒具有摧毁

父母的力量。他需要明白,父母比他想象的更强大,这样他才能学会控制自己的感受。

这两种恐惧是普遍存在的。在本就弥漫着恐惧氛围的家庭中,恐惧感受会加剧。我曾与许多成年人共事过,在即将坦诚地表达出某种感受时,他们会因恐慌和恐惧而退缩。事实上,这种情绪拉扯是许多成年人抑郁和焦虑问题的根源。

作为父母,你可以疗愈孩子内心这种普遍的"疾病",也可能加剧它。请参阅表 13-1 中的示例,了解什么会疗愈孩子或导致他更加恐惧。

这一规则的关键原则如下:

表 13-1 如何疗愈恐惧,如何加剧恐惧?

事件	如何加剧恐惧	如何疗愈恐惧
孩子对限制很生气	● 报复性地生气 ● 对他的愤怒进行攻击 ● 让他为自己的愤怒感到内疚 ● 对他实施冷暴力 ● 对他的情绪做出极为震惊的反应 ● 把他与"好孩子"作比较	● 对他的愤怒表示共情 ● 对他因受到限制而愿望落空所产生的沮丧表示共情 ● 帮助他用语言表达愤怒 ● 保持温柔和关爱,但态度坚定 ● 坚守设定的限制 ● (在他平复情绪之后)限制带有攻击性或不当的表达

（续表）

事件	如何加剧恐惧	如何疗愈恐惧
孩子因为你对他做了错事而感到沮丧	● 假装因受到指责而受伤 ● 对他说出诸如"你怎么敢质问我？"的话 ● 反过来责怪他 ● 收回对他的爱 ● 发怒并压制他	● 对他感到的痛苦表示共情 ● 认真倾听，并对孩子对你行为的反馈持开放态度 ● 帮助他用语言表达他对你的不满 ● 如果你真的做错了，承认并道歉 ● 请他在你再次犯错时告诉你（这让他知道他的抱怨被认真对待了） ● 如果你没有做错，就说你理解他的感受，但你真的不觉得自己做错了什么。不过还是要感谢他告诉你这些
孩子被生活所伤害	● 让他停止抱怨，称他为"爱哭鬼" ● 告诉他别再哭了，否则你就让他尝尝真正的苦头 ● 拿他打趣	● 共情他的感受 ● 给予理解和安慰 ● 帮助他用语言来表达所受的伤害和事件经过

(续表)

事件	如何加剧恐惧	如何疗愈恐惧
孩子被生活伤害	● 把他和他的姐姐或朋友比较一番 ● 说他是"胆小鬼"	● 不要急于纠正或解释现实情况，可以在孩子情绪平复之后再这么做 ● 要求他自己解决和朋友之间的问题，别成为他和外界之间的"挡箭牌"。这样虽然可以给他安慰，却让他逃避了与他人的冲突 ● 表达共情和理解，但也不能纵容他以受伤为理由逃避生活或自我实现。允许他表达哀伤，但不允许他逃避现实。"从哪里跌倒，就从哪里站起来"是个不错的建议

- 所有感受都是可以被接受的，表达感受是一件好事。
- 然而，表达感受要受到一定的限制。例如，"我对你感到生气"是可以的，"我恨你"也是可以的。但"你是个笨蛋"就不行。打人、摔东西也不行。
- 先表达共情以建立联结。首先要包容、接受并爱护孩子的感受，然后再寻求理解。

- 自我控制是最重要的因素。当孩子已经失控时，他需要你提供秩序感。
- 谨防将爱与限制割裂开来。要友善、关爱，但也要表现得足够强大，让孩子知道他的感受并没有摧毁你，也没有把你赶走。
- 把你的自尊、自我和自恋放到一边。你的这些反应会加剧孩子最原始的恐惧。
- 冲突过后，要与孩子共度一段亲密的时光，哪怕只是表达关爱。这样可以让他知道，即使在冲突中，彼此之间的联结也是稳固的。
- 用言语表达感受。孩子要对自己的感受负责；用言语表达感受可以使感受具象化，使其不再凌驾于现实之上。如果我们能表达并解释自己的感受，那么它就仅仅是感受而已，而不再是笼罩一切的现实。感到悲伤与感觉世界末日来临的恐惧是不同的。
- 在孩子处理好自己的情绪之前，先不要在互动中掺杂教育，否则他是不会听的。
- 核心指导原则是：我们的关系比这场冲突、这种感受或这次经历更重要。冲突过后，我们的联结和情感依然存在。

规则 4：不要纵容"不表达"

我曾为 4 岁的苏西进行儿童抑郁症和创伤治疗。苏西的父母对她逐渐退缩回幻想世界的倾向感到担忧。有时,我在治疗过程中说的某些话会伤害她的感受,或者她有所感触却不表达出来。这时,她就会疏远我,只顾着玩玩具。但同时,我能感觉到她在观察我,看我会有何反应。我也能感受到她希望我屈从于她的情绪。

当这种情况在家里发生时,她的母亲通常会问苏西怎么了,而苏西总是沉默不语。于是,她的母亲就会根据自己的猜测,给苏西一些东西来安抚她:"你看起来很难过,我们去吃块饼干吧。"

有一天,我决定直接处理苏西的感受,却惊讶于自己遭到的"抵抗"。

"苏西,你看起来有些沉默,怎么了?"我问。

"没什么。"她回答。

"嗯,可我不信。"

她耸了耸肩。

"那我就坐在这里等你告诉我。"我说。

"好吧,那我现在可以走了吗?"

"不行。"

接下来是一场激烈的"交锋"。我不让她走,她变得越来越生气。然后,她会突然意识到自己在表露情绪,又试图恢复冷漠。但我不肯放过她。我打算坚持下去,直到我们中的一方老去甚至离世,看看谁能耗得过谁。

"我会一直坐在这里,直到你和我交谈。"我告诉她,同时盯着她看。

终于，她开始流泪，但并没有放声大哭。

"你看起来很难过。"我说。

她哭得更厉害了。在她哭泣的时候，我安慰着她，她也开始倾诉。她告诉我那些曾发生在她身上的充满恶意的事情。

那天，我和她那封闭的内心世界之间架起了一座桥梁。但更重要的是，她体验到了诚实、直接面对自己的经历的感受，而不再只是消极地表现出来，并希望有人能拯救她。很快，她的父母也学会了如何要求她直接、诚实地表达，她的行为模式也发生了改变。

通常，退缩且叛逆的孩子内心是充满恐惧的。你需要保持温柔和关爱，但同时不去纵容他的沉默。这样他会明白，你理解他的恐惧和痛苦，但不支持他处理这些情绪的方式。对一些不善表达的幼儿的父母来说，"说出来"这句话很有帮助。孩子的行为不会在一天之间改变。记住这两个要素：表达关爱，要求进行直接沟通。

在上述例子中，我耐心等待苏西开口，并且用不允许她离开的限制打破了沉默。然而，有时你需要更积极地去探寻孩子的感受。解读沉默或提出问题会有所帮助。"你现在看起来很生气。""你现在看起来很伤心。""我想你可能在生我的气。"你也可以只是继续要求他告诉你困扰他的事情，并要求他表达自己的感受，这都是有帮助的。

有些孩子会通过行为来表达，比如发脾气、大喊大叫、骂人、逃跑等。关键是不要放任这种表达方式,而是要鼓励语言交流。"我想知道你的感受,但我想听你告诉我,而不是通过行为表现出来。"

规则 5:别卷入其中

正如前文所述,三角化是指将某人卷进来,而不是直接面对与我有冲突的人。别让你的孩子把你牵扯进他们之间的纷争。兄弟姐妹间互相打小报告时,正是教会他们这一规则的好时机。另外,当孩子与父母中的一方有冲突,因此向另一方倾诉时,或者向父母中的一方提出要求被拒后转向另一方时,也是教育的契机。

一般来说,除非涉及安全问题,孩子需要自行处理自己的矛盾。让他自己去寻找解决之道。"我不知道你为什么告诉我这些,你应该和你的兄弟去沟通解决。毕竟,你是在生他的气。""先去找你姐姐聊聊。如果你俩还是解决不了,再来找我谈。"尽可能让冲突局限在他们之间,这样他们才能掌握解决冲突的必要技巧。

同样的原则也适用于孩子与父母中一方的冲突。在安全的情况下,让孩子自己去找对方沟通。如果冲突发生在孩子与朋友之间,就让他们自己去解决。这是他在未来生活中必须学会的事。可以和他谈谈解决冲突的方法,但更重要的是要求他付诸实践。他与学校或其他权威机构之间的问题也是如此。当然,有时候需要召开会议来协商解决方案。但要尽量让孩子自己去解决他与学校或组织之间的问题。如果爸爸妈妈总是站出来替他"摆平"与权威机构间的问题，当孩子在第一份工作中因表现不佳而让上司不满时，他就会手足无措。

规则 6：教孩子学会拒绝

当我们与他人发生冲突时，往往不知道该说些什么。虽然随着时间的推移，我们会逐渐学会如何表达，但提前教孩子该说些什么，甚至通过角色扮演来练习如何在需要设定限制时与他人沟通，是不错的主意。在校园里，他要面对同龄人的压力、其他孩子的恶意以及别人强势的个性。如果他有所准备，就会应对得更好。以下是一些可以让他有所准备的表达方式示例：

- "不。"就这样，简单明了。教他如何坚定地说出这个字。
- "不，那样让我不舒服。"
- "不，我不想那么做。"
- "不，我不会那么做的。"
- "不，我父母不允许那样。"
- "不，我被教导过我们不能触碰彼此的隐私部位。"
- "不，我不喜欢毒品。它会害死人。"

这些话听起来简单甚至有些老套。但有些孩子需要提前知道这些语句，并练习如何使用。你可以和他一起进行角色扮演，或者为他寻找一些能够强化边界感的环境或团体。

把感受带入关系

终极的边界是爱。我们彼此之间的联结是将生命凝聚在一起的纽带。我们在生活中总结和传递的真理，为这种联结和爱提供了框架。

归根结底，一切都是关于关系的。世界上所有的"边界"都可以归结为"像爱自己一样爱你的邻居"。因此，你的孩子必须学会将自己的感受、恐惧、想法、欲望以及其他体验都纳入到关系中去。如果冲突与某个特定的人有关，那么他应该尽可能与那个人共同解决。

关系能治愈、安抚我们并重构我们的经历。我们需要明白，我们所需要的爱比我们感受到的更为深刻，只有将感受带入关系，我们才能发现这份爱。成为那种你的孩子可以与之分享感受的人，要求他也这样对待其他人。这样，孩子就会减少对情绪体验或爱本身的恐惧。

Boundaries with Kids

---- 第三部分 ----

为孩子
设立边界

第14章

付诸实践

为孩子设立边界的六个步骤

无论你是孩子的父母、亲戚、老师还是朋友，我们都希望你能理解帮助孩子建立自己的边界并尊重他人边界的重要性。然而，关心和洞察力虽然是必要的，却是不够的。如果你只把这本书放在茶几上或孩子的枕头下，它并不会给孩子带来太多好处。是时候开始行动了。

在本章中，你将学习与孩子一起建立边界的六个步骤。但是，你需要结合实际情况来理解这些内容。如果你自己都没有设立边界，那么这一章对你来说毫无用处。正如我们已通过多种方式阐述的那样，孩子需要的不仅仅是会谈论边界的父母，而是能成为边界的父母。这意味着无论出现什么情况，你都会以富有同理心、坚定、自由和承担后果的态度来回应你的孩子。

在育儿过程中，我们经常需要回应孩子的要求或问题，包括：

- 对他的不合理要求说"不"；

- 处理他带回来的在学校里遇到的问题；
- 调解他与你或其兄弟姐妹之间的权力纷争；
- 解决拖沓和杂乱无章的问题；
- 协助他处理与同龄人之间的问题；
- 处理危险问题，如酗酒、吸毒、性行为或加入帮派。

无论怎样，你需要在脑海中构建一个框架，用于主动与孩子解决边界问题，这通常很有用。遵循以下步骤，能让你在琢磨下一步行动时，避免浪费时间与精力。

记住，你并不是在与一个同龄伙伴建立合作关系，而是在准备与一位根本不想与你合作的人"交战"。然而，育儿从来都不是为了赢得人气！

因此，一方面，你无须在征得孩子同意或确保他认可计划后才开始这个过程；另一方面，也不要以被动或专制的态度开始。有些父母任由自己被孩子缺乏条理的行为所束缚。而当他们意识到自己有权负责时，为了弥补之前浪费的机会，可能会变得有些偏激。他们让孩子坐下来，对他严厉训诫，却犯下了致命的错误："从现在开始，你必须做这些，不准做那些。"

为孩子设立边界，并不是"强迫"孩子做任何事情。被胁迫着做事的人，无法自由地做出成熟或符合道德的选择。设立边界是为了给孩子营造一个成长环境，让他体验到自身行为带来的后果，从而使他变得更加负责和体贴。

步骤1：直面三大事实

你需要接受三个事实。首先，问题确实存在：你的孩子并非完美。这个问题或许表现得不那么严重，只需要微调一下行为或态度就能有所改善；也可能表现得非常严重，甚至惊动了警察。有些父母在第一步就遇到了困难——他们否认孩子的不良行为，为真实存在的问题寻找看似合理的解释。"耍小聪明"成了一种可爱的幽默感，"懒惰"成了疲惫，"爱管闲事"成了精力充沛。如果有人送给你这本书，而你不知道原因，不妨问问你最诚实的5位朋友，看看他们怎么回答。俗话说得好："如果有一个人称你为马，别理他，他疯了。如果有5个人这么说，那就给自己准备个马鞍吧！"

家长总是有原因来合理化孩子的行为。有些人是为了避免内疚感，有些人则是不想让自己的完美主义受到挑战，有些人感觉自己的孩子正遭受迫害，还有些人不想让自己感到难堪，另外一些人则是不想费心去管教。家长需要正视这样一个可能性，即他们可能是用牺牲孩子的幸福来保护自己的舒适感和幸福感。为人父母者，应当负起责任。

在承认问题之后，父母需要面对的第二个事实是，表面的问题往往并非真正的问题。让你抓狂的行为或态度并非真正的症结，它只是另一个问题的症状，而这个问题很多时候正是边界问题。孩子的行为可能是由其性格中某些不健全或未成熟的部分引起的，这些症状在向你发出内部问题的警报。不要仅仅对症状做出反应，否则你只会为后续的更多问题埋下隐患。父母在危机中往往会有一种本能的反应，而当危机解除后，他们又会从自己的责任中退缩。一个没有边界感的孩子会一直表现出症状，直到他建立起自己的边界为止。

表 14-1 是一些表面问题并非真正问题的例子：

表 14-1 边界问题才是真正的问题

表面问题	边界问题
成绩差	缺乏对后果的关注
控制其他孩子	缺乏对他人边界的尊重
不听从指令	缺乏对后果的恐惧
对抗的态度	缺乏关于优越感的边界

你需要接受的第三个事实是，时间并不能治愈一切。很多父母会逃避解决边界问题，因为有人告诉他们："只要等着就好，孩子会长大的。"他的确会长大。但你知道有多少人，虽然年龄在不断增长，哪怕是到了 42 岁，却依然没有边界感吗？时间只是为治愈伤痛提供环境，并非治愈过程本身。治愈疾病不仅需要时间，更需要服用药物。

事实上，回避孩子的问题，只会更加阻碍他的成长。时间是建立和修复边界的必要条件，并非充分条件，你还需要给予孩子大量的爱、宽容和道理。参与到修复的过程中来吧。仅仅依靠时间的作用，情况并不会好转，反而会恶化。

步骤2：加入社群

确保你与其他人（甚至除了配偶）建立良好且能够相互支持的关系。帮助孩子设立边界，最终将有助于他的情感和心灵的成长，但成长绝不会凭空发生。这项工作既令人疲惫又令人沮丧，甚至可能让你发狂。仅仅掌握信息是不够的，你还需要大量的爱和来自他人的帮助。

许多父母之所以在边界之战中败下阵来，仅仅是因为他们被一个积极抵抗的孩子消磨得筋疲力尽。这个孩子知道自己将要失去什么，于是设置了各种障碍。他会耍小聪明，让你觉得自己的做法不公平或是在伤害他，因此你的认知和决心将会受到严峻的考验。如果父母感到孤立无援，既要工作又要承担婚姻责任，他们往往会束手无策，对孩子说："你赢了。"但是，如果有不会谴责你、愿意与你共渡难关并督促你做正确之事的人陪伴你，你就能坚持自己的立场。如果凭一己之力或与配偶一起就能做到，那你可能早就成功了。

你可以寻找或组建一个育儿小组，一个专注于边界问题的学习小组，或一个邻居小组。通过这些社群，你可以交流技巧、秘诀、技术，以及成功和失败的经验。你可以使用《为孩子立界线工作手册》(*Boundaries with Kids Workbook*)来更有条理地对学习进行规划。我们社区有一个小组，专门面向同龄孩子的父母。这个小组的负责人非常坦诚地分享了自己作为家长的种种挑战。他帮助大家认识到，有养育孩子的烦恼并不是什么见不得人的事情。那些不愿正视问题的家长在小组中会感到沮丧，但这正是促使他们面对现实的契机。正常的家长则会感到宽慰，因为他们意识到自己并没有疯，而且问题是有办法解决的。

步骤3：在个人边界中成长

在你向孩子传授建立边界的方法之前，自己要先身体力行。孩子是异常敏锐的，能轻易察觉出欺骗行为。他涉世未深，还不足以进行自我欺骗。他能分辨出你是否言行不一，是否在要求他做你自己都不愿做的事。但更重要的是，我们都需要在生活中不断发展和明确自己的边界。

许多父母把孩子带来的有关边界的冲突和痛苦，当作自己进行精神和情感成长的机会。没有什么比失控的孩子更能迅速让我们感到崩溃。这种令人羞耻、痛苦且难以承受的现实，迫使我们既要反思自我，又要向他人求助。

这不仅要求你专注于自身的边界，也要求你关注自己的生活。你需要努力在精神、情感和品德上不断成长。你需要朋友来安慰你、支持你，直面并指出你自身的弱点，包括自私。如果父母没有成长，孩子就很难成长。不要像那些只依赖学校来帮助孩子走向成熟的父母。你的孩子正期盼着你成为一个不断求知、坦诚正直的榜样。

有些父母开始着手解决自己的边界问题，然后发现很难拒绝配偶、上司和朋友的请求。他们终于意识到为什么孩子可以随意摆布他们了。这些父母加入互助小组或社群，开始锻炼自己的"肌肉"。他们开始更多地掌控自己的生活，不再害怕冲突和内疚。突然间，他们与孩子之间的关系开始好转。你可以读一读我们的《过犹不及》，这本书专注于个人边界问题，而非具体的育儿难题。

或者，你可能发现自己难以尊重他人的边界。你可能是一个积极主动的人，却无法接受他人说"不"。请接纳自己的无助感，努力施加影响而非寻求绝对控制，并理解这一黄金法则：你希望别人怎样对待你，你就应该怎样对待别人。

我（汤森德博士）曾帮助过一位父亲和他正值青春期的儿子。他的儿子交友不慎，经常逃学，还染上了毒瘾。这位父亲曾是一名军人，他无法理解为何自己的严格管教不见成效。

某天，他们来到我的办公室，男孩原本长到肩头的金发已被剪短至耳际。父亲一时冲动，带儿子去了理发店，理发师把他的头发剃短了。"我受够了那些充满心理学术语的废话。我决定自己来解决这个问题，"这位父亲告诉我，"现在他看起来不再像那些坏孩子了。"而男孩感到既愤怒又丢脸。

"你这样做只会让问题变得更棘手。"我对这位父亲说。

又过了很长时间，这期间男孩不断闯祸，父亲终于意识到，他必须停止高压控制，而让自由和后果发挥作用。这位父亲不得不花大力气调整自己的边界。在这个过程中，他不得不默默看着儿子被他所重视的学校开除，甚至因吸毒被送上少年法庭。他理解儿子的感受，但同时也支持政府设定的限制。他没有不停地唠叨儿子，而是制定了合理的家规及相应的后果，并切实执行。随着时间的推移，他的儿子变得越来越有责任心，不再那么冲动，在学校和工作上的表现也更加出色。

步骤 4：评估和规划

评估孩子的情况和你的资源，并制订一个解决问题的计划。

孩子

结合孩子自身的实际情况，了解他的边界问题。以下是一些需要重点考虑的因素。

年龄：尽管边界问题普遍存在，幼儿与青少年看待生活的角度也有所不同。要熟悉孩子所处年龄段常见的问题，尤其是他能力范围内的事情。关键在于适度引导孩子走出舒适区，但不可超越他的能力极限。比如，不足 12 个月的婴儿需要被悉心照料，对他的边界要求不宜过高。到了 1 岁左右，你就应该用"不"来阻止孩子诸如爬家具、把手指伸进电源插座等危险行为。一般来说，孩子年龄越大，能承受的挫折也就越多。

成熟水平：孩子们的成熟水平各不相同，有些 6 岁的孩子表现得比某些 17 岁的孩子还要成熟。要留意他是否具备基本的信任感，能否结交并维持良好的友谊，对指令会有怎样的反应，能否表达不同意见和抗议，能否忍受匮乏，能否接受自己和他人的失落与失败，以及对待权威的态度等。向了解你孩子的其他人，比如教师、朋友、邻居、亲戚和心理咨询师征求意见。我们认为，以下两个最重要的性格特质对孩子的成熟至关重要。如果他具备这两种特质，你会轻松许多。如果在这两个方面存在问题，那么在解决具体的边界问题时，也要重点关注它们。

- **依恋**。孩子能否与你建立情感联结？他是否把你视为关爱他的人？还是表现得冷漠、疏远，或长期处于情感淡漠的状态？
- **诚实**。你的孩子是否诚实？他是否有撒谎和欺骗方面的问题？

环境： 孩子生活在一个怎样的环境中？你们是否离异或是婚姻关系出现了问题？他是否有神经系统疾病、学习障碍或注意缺陷多动障碍等临床病症？他和兄弟姐妹之间相处得如何？要深入了解所处的环境对他的影响。

具体的边界矛盾： 明确孩子生活中存在的具体边界问题。他是在家规、家务、学业还是朋友关系上遇到了难题？你能否简洁明了地描述出来？

问题的严重性： 判断这个问题的严重程度。你的孩子最大的问题可能是需要你说好几遍才会去做一件事。对于这样的孩子，你需要采取与那些无法安静下来、经常让学校操心的孩子不同的应对方式。不必为小事操心，要关注那些关乎诚实、责任感、关爱和道德的问题。对于发型、音乐偏好和房间整洁度等方面,可以在一定限度内给予更多宽容。

你自身的资源

既然你已经全面了解了孩子的边界问题、问题的根源以及问题的严重程度,接下来就评估一下你目前有哪些资源可以用来应对。请考虑以下几个因素。

你自身的问题:我们之前说过,最重要的不是你做了什么,而是你在陪伴孩子时的状态。留意一下你的反应方式是什么样的,是回避、哄骗还是忽视?要努力解决自己身上那些导致你做出不当回应的问题。在很大程度上,你就像孩子外在的边界,孩子正在内化这个边界,因此,要么你能成为解决问题的关键,要么你就可能让问题持续存在。

你的生活境遇:看看你所面临的现实生活状况,比如情感困扰、婚姻冲突、经济情况、工作压力以及其他孩子的状况。如果你正处于危机之中,请尽快为自己寻求帮助。很多家长,他们的孩子有边界问题,自己的婚姻也乱作一团。当务之急,是要先让自己进入一个足够有序、有规划的状态,这样才能引导孩子也变得有序和有规划。

我在这里要对单亲家长说几句:抚养孩子之所以需要两位家长,是有深刻原因的:(1)孩子能从两个相爱的人那里得到满满的爱;(2)每位家长都能从各自的角度促进孩子的成长,而这些往往是另一方所不具备的;(3)在育儿过程中,父母双方能够相互制衡,当一方有所偏差时,另一方能够及时纠正。

然而，单亲家长却无法获得这样的支持和监督。他们往往要同时扮演父亲和母亲的角色，肩负起沉重的责任。除此之外，单亲家长还要面对自己的种种问题——与前任的关系、经济压力、工作压力、时间管理、约会交友、孤独感，以及其他种种压力。如果你是单亲家长，请不要试图独自承担一切，特别是在处理孩子的边界问题时，你需要消耗大量的精力。

你可以主动寻求帮助和资源，比如向你的社区、邻居、亲戚和朋友寻求支援。孩子的成长过程需要其他人的参与，他们在特定领域的专长也可以给孩子支持，比如与你性别不同、健康、成熟的成人领导的青年团体，能带孩子去看棒球比赛或共进晚餐的双亲家庭，或是能帮助解决作业问题、个人困扰、体育运动、精神成长和艺术修养的人。我们见过许多缺乏边界感的孩子的单亲家长，在他们的生活中，正是有了他人的爱与支持，才使他们的孩子走上了正轨。

抗拒边界的配偶：你可能已经结婚，但在决心帮助孩子设立边界上却感到孤立无援。如果孩子在跟一位家长闹矛盾时，让另一位家长替自己挡枪，这就可能会成为一个严重的问题。在这种情况下，"主张设定边界"的家长往往被看作苛刻、吝啬的一方，而"反对设定边界"的家长则被看作慈爱、能满足孩子需求的一方。孩子心中对责任感和控制权的看法会产生分裂，并且经常向能满足其需求的家长寻求帮助，以解决自己的问题。

如果你的配偶不支持设立边界，那么在开始认真帮助孩子之前，先与配偶解决这个问题。如果配偶只图一时之乐，最终却让你为这种不负责任的行为买单，那就改变现状，让不设定边界的配偶承担后果。例如，如果配偶不想坚持让孩子做家务，那你也不要自己做，让配偶来做；如果配偶不想让孩子待在家里做作业，那就让学校直接联系配偶，让配偶去与老师会面。如果阻力很大，你可能需要寻求婚姻方面的帮助。在大多数情况下，配偶的边界问题影响的不仅仅是育儿。不要只把它看作育儿问题，而要视为婚姻问题。

计划

为自己构建一个框架，并向孩子展示。基于你之前的努力，这个框架需涵盖以下几个方面，你可以将它们写下来，这一点至关重要。许多家长都曾陷入"你说的可不是这样"的反复争执中。而白纸黑字写下来的内容，则比较难受到质疑。如果你此前从未处理过这类问题，那么建议先解决一两个边界问题。记住，你是在为孩子重塑现实世界的规则（但方向是正确的）。一开始，他可能会觉得仿佛置身于一个陌生的星球。

问题：具体描述问题。比如孩子成绩太差；他存在行为问题，例如不听从教导、迟到、打架、不能完成任务；或者他存在态度问题，例如顶嘴、骂人、大发雷霆、耍脾气、爱抱怨。在陈述问题时，避免对孩子进行人身攻击，无须让孩子为此辩解，比如"你真是个失败者，又懒又没用"。

期望：你希望孩子的平均成绩不低于"B"；你希望他能在你第一次提出要求时就立即回应；你希望家里没有争吵；允许他

持有不同意见，但绝不能侮辱他人。你的期望要可衡量。能够衡量的东西，往往比不能衡量的东西更容易得到改善。

后果：明确写出孩子未能达到你的期望时会发生什么。孩子将失去诸多特权，受到诸多限制——比如，不能与朋友共度晚上或周末的时光，不能看电视或玩电脑。要尽可能做到罚当其罪。同时，也要为达到期望设定积极的后果。不过，在设定奖励时要适度，有些家长会对孩子的正当行为进行过度奖励。你一定不希望孩子认为每次刷牙都能得到饼干或新车。如此一来，当他开始第一份工作时，如果没人因为他准时上班而为他庆祝，他会非常失望。你可以在家中设定基本的行为规范，而不给予奖励。

步骤 5：呈现计划

你和你的孩子都需要参与到这个过程中来。你让孩子参与的程度越深，他获得的时间、帮助和信息就越多，他就越可能主动承担责任，并在自己的成长过程中积极配合。邀请他与你合作，就算他拒绝，计划也还是会执行。请确保包含以下要素。

在平静的时刻介绍计划：选择你和孩子关系融洽的好时机、好地点。不要在激烈争吵时突然拿出计划，那只会让情况变得更糟。孩子往往会为了维护自己的独立性而更加激烈地反抗。

要持"支持"而非"反对"立场：让孩子知道这个过程不是为了强迫他做某事，也不是因为你在生气。告诉他，你看到了一个正在伤害他和他周围人的问题。你想解决这个问题，因为你爱他，并且想和他一起努力。

呈现问题： 如前面所述，要对问题进行具体说明。谈谈这个问题对他和他人的伤害："你大喊大叫和乱跑的行为是个问题，给家里和学校都造成了干扰，而且似乎没有好转的迹象。"

呈现期望： 如前面所述，让他参与到这个过程中来。让他清楚地知道你的期望是什么。

呈现后果： 深吸一口气，直接告诉孩子。不要畏惧那些不好的消息。你并不是在伤害他，而是在帮他挣脱自身的束缚！要强调，在满足你的期望这件事上，他是自由的。他不必非得做什么；他可以选择无视你的存在。但关键在于，如果他选择抵抗，就会发生相应的后果。记住：你无法控制他的行为，但你可以控制后果。掌控好属于你的部分，同时鼓励他自由地做出选择。

在可协商的范围内协商： 允许孩子在期望和后果方面，在既定框架内提出一定的意见。在一些小事上做出让步可能会带来好的结果，因为这样孩子会觉得自己不那么无助，对自己的命运也更有参与感。告诉他，如果他能在一段时间内表现良好，你可能会对某些要求做出调整。但是，在原则问题上绝不能妥协。毒品、酒精、过早发生性行为、暴力、成绩不及格和逃学等问题，都是不可协商的。

另外，要记住，成人的规则与孩子的规则是不同的。很多时候，孩子会抗议说："你们都不这样做，为什么我要这样做？"这可能发生在与睡觉时间、零花钱分配、玩耍时间等相关的多种情景下。如果你确实在某些方面做得不对，要足够谦逊地承认错误并改变自己的行为。然而，现实是，成人确实比孩子拥有更多的自由，因为他们更负责任，而责任带来自由。告诉孩子这一点，把它作为接受边界的激励。成长是有回报的。

让期望和后果容易被看到：在笔记本、公告板上写明，或冰箱门上张贴相关内容，是提醒孩子期望和后果的好方法。就像合同一样，你们可能需要经常查阅。

步骤 6：能够随着时间的推移持续贯彻执行

这一步骤比其他所有步骤都更加艰难，也更为关键。如果你自己不能作为孩子的边界发挥作用，那么整个计划都将无法实施。这完全取决于你是否言行一致。换句话说，用善意铺就的道路往往通向无边界的深渊。以下是你可能会遇到的一些情况。

预见到孩子的不信任与试探：你正在为孩子提供一种全新的体验世界的方式，在这种方式中，他的行为与所承受的痛苦直接相关。他不再有一个关注他、被他忽视或设法回避唠叨的易怒的家长。他现在面对的是一个会站在一旁，让他自由选择生活将有多么艰难或多么愉快的大人。这将是一个需要适应的过程。

尽管你在向孩子呈现计划时，他可能会跟你争辩，但这往往并非真正的挑战。在那一刻，他可能会把你的说明视为唠叨，并选择充耳不闻。真正的考验在于，在他跨越边界后，当你让他承担相应后果时，他会表现出强烈的抗拒。他可能会对你表现出震惊、怀疑、愤怒、受伤、委屈、孤立、责备，或者试图挑起夫妻对立，甚至出现行为升级。他正处于将现实整合进内心的巨大挣扎之中。尽管他可能让你痛苦，但他自己也不快乐。他内心的斗争远比与你的斗争更加激烈。要对他的这份挣扎怀有同情心。

在这种关键时刻，再怎么强调坚持让他承担后果的重要性也不为过。你可能会感到内疚、难过，觉得自己恶毒、被憎恨、孤立无援、不堪重负、无人关爱。但请坚守你的边界！向朋友寻求支持，尽你所能坚持下去。你坚决让他承担后果，实际上是在以爱来培育和训练孩子。

这时，回顾一下你自己的生活经历或许会有所帮助。想想看，那些缺乏行为体系和预设后果的日子给你带来了多少损失；当被过度控制、没有选择能力时，你在做人生决策时是多么无能为力。不要为了保护孩子而让他免受现实的打击，让他从你关于责任和现实的艰难教训中受益。

保持耐心，给孩子充分的尝试空间。孩子正处于学习的道路上，而学习总是伴随着不断的尝试。要预见到，孩子不仅会多次跨越边界，而且会对承担后果提出诸多抗议。同时，也对自己多些耐心。如果你刚开始尝试设立边界，可能无法坚持自己的原则。但你要坚持下去，并尽可能始终如一。如果你发现自己难以做到，就向成熟的朋友求助，他们或许能和你一起探讨，看看是资源、能力、性格的问题，还是期望不切实际的问题。然后，你就可以据此作出调整。

表扬孩子的适应行为。如果这个过程进展顺利，你会开始发现，孩子的不良行为在逐渐减少，而符合你期望的良好行为越来越多。当孩子感受到自己的局限和脆弱时，可能会感到难过。这时，请给予他温暖和鼓励。虽然他一路上都在抱怨，但仍在非常努力地将边界融入生活，以此达到你的期望。不要总是强调你对他的爱，因为这是永恒的。要更多地引导他认识到，如果不必再为承担后果而烦心，他的生活会更加美好，周围的人也会更幸福。帮助他认识到，这是为了他自己好，而不是为了赢得你的爱。与你的支持小组一起，举办一个庆祝成功设立并遵守边界的聚会吧。

微调期望并转移焦点：当你感到孩子已经较好地掌握了某项行为，自我控制能力也有所提升时，你可能想提高对他的期望。或者，你也可能想将注意力转向另一个问题。但是，注意不要让孩子觉得你们之间的关系只剩下设立边界。确保你们之间也有充满爱、欢乐和自由相处的时光。但他确实需要明白，成长的任务是伴随一生的。你和他都需要一直投身于这个成长过程。

现在开始是否太晚了？

家长问我们的关于实施边界的一个重要问题是："现在开始会不会太晚了？"那些正为青少年或成年子女严重的行为问题而苦恼的家长可能会感到绝望和气馁。但我们要说的是，开始为你和你的孩子做正确的事情，永远不会太晚。在对待责任上变得更加坦诚和明确，更加主动地解决问题，并为家庭营造一种秩序感，这些都是你个人精神与性格成长的关键部分。即便你的孩子没有边界问题，你也需要将生活导向正直的方向。

同时，孩子越小，就越容易将设立边界视为一种常态。孩子越是长久地沉浸在自己掌控一切的幻想中，就越难以放弃他脑海中那个虚幻的快乐世界。

然而，孩子终究还是孩子，即便是到了十几岁的年纪也一样。孩子，意味着尚未成年，缺乏应对真实世界所需的技能和工具。因此，无论他说什么，他都还不成熟、不完善，难免在生活中遭受失败。他天生需要你作为成长导师。那个看似聪明却有些傲慢、疏远的孩子，其实非常需要你！

孩子的内心深处渴望你能参与他的生活，即使他可能会提出抗议，但你需要以父母的身份引导他。他常常对自己的失控情绪和行为感到害怕，希望能有一个比他更强大的人来帮助他管理这些情绪，构建生活的框架。处理孩子的反对和对抗，是育儿中的一个基础环节，而在某种程度上，孩子也是心知肚明的。

把这个问题看作一个资源调配的问题。如果你有一个十几岁的孩子，尤其是一个存在严重问题的孩子，你将需要投入更多的资源来应对这种情况。你可能需要花费更多的时间、精力和金钱，并求助学校、心理咨询机构和司法机关等组织。一个7岁儿童的家长可能付出的努力较少，而一个行为出格的青少年的家长可能需要花费数月的时间和大量的精力来处理这些问题。

你可能不得不接受不那么完美的结果。一个一直具有行为问题的16岁少年可能无法进入哈佛大学。但是，在与你相处的这段时间里，他可能会获得一些非常重要的经历，这些经历将帮助他度过最后两年的少年时光。同时，他也可能学会规划人生和处理问题的方法，这将对他成年后的生活大有裨益。

许多父母介入问题较晚的孩子会在成年后自己寻求成长和帮助。当你在家庭的庇护下生活时，可以免受生活的苦难。你最大的问题是一无所知的父母。但是，当你开始需要支付房租、购买食物，并担心怀孕等问题时，你可能会以不同的眼光看待生活。很多孩子在那时才会深刻体会到父母在他们青春期的最后几年里的疯狂举动，并开始将设立边界作为生活的一部分。

即使在青春期的最后几年，也不要放弃你的孩子，要利用好每一个机会。因为世道艰难，你们是他唯一的父母，在这个世界上，没有人能在他心中拥有你们这样的影响力。